OETINGER TASCHENBUCH

Anne Bachner, 1972 in Bremen geboren, arbeitete einige Jahre als Redakteurin und lebte eine Zeit lang in Amerika. Vor Pferden hatte sie immer Angst, bis sie eines Tages Bastello kennenlernte, der genauso viel Unsinn im Kopf hat wie Krümel.

Anne Bachner

Klara & Krümel
Ponyfreunde für immer

Illustriert von Heike Wiechmann

Oetinger Taschenbuch

Außerdem von Anne Bachner bei Oetinger Taschenbuch erschienen:

Klara & Krümel. Glück auf vier Hufen

FSC
www.fsc.org
MIX
Papier aus verantwortungsvollen Quellen
FSC® C014496

Das für dieses Buch verwendete FSC®-zertifizierte
Papier Danube liefert Salzer Papier, St. Pölten, Austria.
Der FSC® ist eine nicht staatliche, gemeinnützige Organisation,
die sich für eine ökologische und sozialverantwortliche
Nutzung unserer Wälder einsetzt.

1. Auflage 2015
Oetinger Taschenbuch GmbH, Hamburg
Juli 2015

Umschlag- und Innenillustrationen: Heike Wiechmann
Druck: GGP Media GmbH, Pößneck
ISBN 978-3-8415-0350-3

www.oetinger-taschenbuch.de

Inhalt

Ein Pony total verhext

Ein Pony und viele Gefahren

Ein Pony total verhext

Zahnpasta und andere Sorgen

„Mist!“ Mit gehetztem Blick schaut Klara auf die Uhr. In genau neuneinhalb Minuten muss sie aus dem Haus sein, sonst kann sie die Schule vergessen. Dabei steht sie noch im Bad – mit nichts anderem bekleidet als mit einer Unterhose. Ihre strubbeligen blonden Haare ragen wirr nach allen Seiten. Die Zahnpastatube weigert sich, den letzten Rest ihres Inhalts preiszugeben. Und das alles nur, weil Zaster Klara heute nicht geweckt hat! Was ist bloß mit ihrem Hund los?

Unten fällt die Haustür ins Schloss. Das ist Klaras Cousine Maxi, die das Gymnasium in der Stadt besucht. Sie muss etwas früher als Klara aus dem Haus gehen. *Neun* Minuten früher, um genau zu sein.

Klara packt die Zahnpasta fester und drückt mit aller Kraft. Da – ein kleines weißes Eckchen zeigt sich an der Öffnung. Sie presst noch einmal. In hohem Bogen schießt die Zahnpasta aus der Tube direkt auf ihren Pullover, den sie neben das Waschbecken geworfen hat.

Auch das noch! Klara greift mit der Linken nach einem Handtuch, während sie mit der Rechten die Zahnpasta auf ihre Zahnbürste bugsiert. Nachdem sie sich die Zähne geputzt hat, reinigt sie notdürftig ihren Pullover. Der grüne Stoff ist mit einem rot-weißen Pferdekopf bestickt. Vielleicht fällt die weiße Zahnpasta dazwischen nicht so auf? Klara streift den Pulli über und wirft einen prüfenden Blick in den Spiegel. Zwischen den beiden Pferdeohren ist eine deutliche weiße Zahnpastaspur zu sehen.

Auch egal, denkt Klara. Warum kann in diesem Haushalt bloß niemand die Wäsche erledigen? Dann hätte sie jetzt wenigstens einen Ersatzpullover. Aber Paps und Onkel Rosi können sich nicht einigen, wer für die Wäsche zuständig ist. Und deswegen bleibt sie so lange liegen, bis einer von ihnen nichts mehr anzuziehen hat.

Klara schlüpft in ihre Jeans, fährt sich mit der Bürste durch die Haare und schnappt sich ihren Rucksack aus dem Zimmer. Dann rast sie nach unten in die Küche.

„Guten Morgen, miteinander!“, schmettert sie. Paps und Onkel Rosi sitzen sich am Küchentisch gegenüber. Rosi heißt eigentlich Robert Siegfried, aber heimlich nennen ihn alle Rosi.

Zwischen Klaras beiden Erziehungsberechtigten ist eine ganze Batterie an Frühstücksutensilien aufgebaut. Cornflakes und Nutella, Marmelade, Aufschnitt, Butter, die große Müslipackung …

Kommt es Klara nur so vor? Das Ganze sieht jedenfalls verdächtig nach einer Mauer aus, die den Tisch in zwei Hälften teilt.

Sie beugt sich zu ihrem Jack-Russell-Terrier Zaster herunter, der neben dem Tisch sitzt, und zerzaust ihm das braun-weiß gefleckte Fell.

„Warum hast du mich denn nicht geweckt?“, fragt sie vorwurfsvoll.

Zaster schaut sie schuldbewusst an, leckt ihr einmal quer übers Gesicht und konzentriert sich dann wieder auf Rosi und Paps. Abwechselnd. Klara muss unwillkürlich an ein Tennisspiel denken, bei dem der Zuschauer aufmerksam den Ball verfolgt.

„Was findet Zaster bloß so faszinierend an

euch beiden?“, fragt sie und angelt nach einem Brötchen.

Paps und Onkel Rosi achten nicht auf sie.

„Gib es endlich zu, du warst es!“, faucht Rosi seinen Bruder an. Zaster legt den Kopf schräg und sieht zu Paps herüber.

„Niemals!“, giftet Klaras Vater zurück. „Auf eine so hirnrissige Idee kann nämlich nur einer hier im Haus kommen. Und das bist du!“ Er funkelt Rosi mit einem wütenden Blick an.

Klara schmiert sich hastig Nutella aufs Brötchen. Sie hat keine Zeit, sich mit Paps und Rosi aufzuhalten. Wenn die beiden sich einmal streiten, fliegen die Fetzen. Und zwar meistens lange und ausführlich.

Doch nach zwei Bissen kann sie ihre Neugier nicht mehr zügeln. „Sagt mir doch wenigstens, worum es geht!“, bettelt sie. „Dann kann ich es Maxi erzählen. Nur für den Fall, dass ihr euch bis heute Abend gegenseitig zerfleischt habt und uns als arme Waisen zurücklasst.“

Paps grinst nicht einmal. Stumm reicht er ihr einen Brief. „Zaster hat vorhin die Post reingeholt. Und das war dabei", sagt er anklagend.

Klara greift nach dem Brief. Er ist sowohl an Paps als auch an Onkel Rosi adressiert. Als Absender ist der Fernsehsender *Der Wilde Norden* angegeben. In Klara steigt eine dunkle Ahnung auf.

„Sehr geehrte Spielteilnehmer", liest sie murmelnd vor. „Sie haben an unserem Internet-Test teilgenommen und sich damit für unser Quiz *Die ungleichsten Paare Norddeutschlands* beworben. Wir freuen uns, Sie aufgrund der Auswertungen zu einem Casting einladen zu dürfen. Das Video-Casting sowie die eventuell darauf folgende Aufzeichnung der Show finden am 14. und 15. September in …"

Weiter kommt Klara nicht. Sie lässt das Blatt sinken und fühlt, wie ihr das Blut in den Kopf steigt.

Inzwischen ahnt sie nicht nur, was hier passiert ist. Es ist ihr sonnenklar.

Und sonnenklar ist auch, dass die Folgen fürchterlich sein werden.

Frau Retter rettet den Tag

Klara keucht, als sie vor ihrem Klassenzimmer steht. Hastig blickt sie auf ihre Uhr. Sieben Minuten zu spät. Sie drückt vorsichtig die Klinke hinunter. Was für ein Glück! Ihre Mathelehrerin Frau Retter steht mit dem Rücken zur Tür und schreibt eine Aufgabe an die Tafel. Auf Zehenspitzen schleicht Klara zu ihrem Platz in der vorletzten Bank. Ihre beste Freundin Anna schaut ihr erwartungsvoll entgegen.

Kaum hat Klara sich auf ihren Stuhl gleiten lassen, als eine tiefe, heisere Stimme durch den Raum dröhnt. Frau Retter klingt immer, als würde sie fünfzig Zigaretten am Tag rauchen. Dabei ist sie zweite Vorsitzende im Verein *Rauchfreie Schule*.

„Na, Klara, aufgehalten worden?", schnarrt sie.

Klara holt tief Luft. „Also …" Sie überlegt fieberhaft, aber ihr fällt auf die Schnelle keine gute Ausrede ein. Am besten versucht sie es wohl mit der Wahrheit. „Also … es war so: Erst hat Zaster mich vergessen. Dann war die Zahnpasta alle. Und schließlich hat mein Vater auch noch die Sache mit dem *Wilden Norden* rausgekriegt."

Die anderen kichern.

„Aha", sagt Frau Retter ruhig. „Das klingt ja nach einer recht komplizierten Erklärung. Und da du sowieso schon fünf Minuten meines ungeheuer wertvollen Unterrichts verpasst hast, verzichte ich heute ausnahmsweise darauf." Klara atmet erleichtert auf und holt ihre Mathesachen aus dem Rucksack.

Es scheint ewig zu dauern, bis es endlich zur Pause läutet. Klara stürmt hinter Anna nach draußen auf den Schulhof. Für September ist es noch richtig warm. Nicht einmal ihre Jacken müssen sie anziehen. Auf dem kleinen Mäuerchen neben dem Hof machen die beiden Freundinnen es sich bequem.

„Auch wenn es Frau Retter nicht interessiert", sagt Anna und streicht sich eine lange Haarsträhne hinters Ohr, „*ich* brenne vor Neugierde, warum du zu spät gekommen bist."

Klara nickt. „Okay, ich versuche, es kurz zu

machen. Wir müssen ja gleich wieder rein." Sie überlegt. „Es war vor ungefähr drei Wochen. Maxi und ich haben im Internet gesurft und sind auf den Seiten des Fernsehsenders *Der Wilde Norden* gelandet. Eigentlich war es nur ein Jux – aber wir haben Paps und Onkel Rosi bei dieser Quizsendung angemeldet."

„Du meinst …", fällt Anna ihr aufgeregt ins Wort. „Du meinst, die Quizsendung *Die ungleichsten Paare Norddeutschlands?* Seit Wochen machen sie dafür Werbung."

Klara nickt unglücklich. „Ja. Bei der Anmeldung mussten wir Fragebögen ausfüllen. Ging ganz leicht. Du kennst ja Paps und Rosi. Wenn das kein ungleiches Paar ist, dann weiß ich auch nicht. Sogar Fotos haben wir dem Sender gemailt. Und nun ist heute Morgen ein Brief in der Post gewesen, in dem steht, dass sie ausgewählt wurden!"

Anna schaut Klara von der Seite an. „Und sie wussten überhaupt nichts von ihrem Glück?"

Klara schüttelt den Kopf. „Als der Brief kam, haben sie sich sofort gegenseitig verdächtigt. Sie haben sich so zerstritten, dass Zaster über all der

Aufregung sogar vergessen hat, mich zu wecken. Und als ich ihnen die Sache dann erklärt hatte, war ich zum ersten Mal in meinem Leben froh, dass ich dringend zur Schule musste."

Anna lacht. „Mensch, Klara, du bringst dich wirklich immer in Schwierigkeiten! Das war doch vorherzusehen."

„Du hast ja so recht." Klara springt auf. „Am besten komme ich nach der Schule mit zu dir. Dann können wir zusammen Hausaufgaben machen, ehe wir in den Reitstall gehen. Bis heute Abend haben Paps und Rosi sich hoffentlich beruhigt."

„Klar!" Anna ist begeistert. „Und falls sie dir dann doch den Kopf abreißen sollten, hast du wenigstens vorher etwas Schönes erlebt. Heute soll das neue Pony kommen, erinnerst du dich?"

Es läutet zur nächsten Stunde. Anna rutscht von der Mauer. Gemeinsam reihen sich die Freundinnen in den Strom der Schüler ein, der sich gemächlich auf das Schultor zubewegt. Klara winkt Lou zu, die in die Parallelklasse geht. Und da ist auch Tim, er ist schon in der sechsten. Die beiden sind in ihrer Reitgruppe, genau wie Anna auch.

Tim gesellt sich zu ihnen. „Hey Klara!", ruft er. „Was für einen wunderhübschen Pferdepullover du heute anhast!" Er mustert das Kleidungsstück mit hochgezogenen Augenbrauen.

„Nur kein Spott", sagt Klara so würdevoll wie möglich.

„Wenn das dein Krümel sein soll …", Tim deutet auf den weißen Zahnpastastreifen, der zwischen den Pferdeohren aufleuchtet, „… dann hat er seit heute einen Heiligenschein." Er läuft kichernd davon, als Klara sich wutentbrannt auf ihn stürzen will. Kurz vor seinem Klassenzimmer blickt er sich noch einmal über die Schulter um. „Wir werden ja heute Nachmittag sehen, ob sich dein Pony auch wie ein Heiliger benimmt!", ruft er. Dann ist er verschwunden.

Ponyreifer Auftritt

Klara schnappt nach Luft, als sie hinter Anna auf dem Fahrrad in den Weg zum Reitclub Cavallo einbiegt. Die Reithose, die sie sich von ihrer Freundin geliehen hat, ist entschieden zu klein. Und wenn sie ehrlich sein soll, auch entschieden zu eng. Glücklicherweise liegen wenigstens ihre eigenen Stiefel und ihr Reithelm im Spind in der Sattelkammer.

Auf dem Hof ist es ruhig und friedlich. Die Halle und die beiden Ställe – einer für die Ponys, einer für die Großpferde – sind leer, die Pferde noch auf der Weide.

Normalerweise herrscht um diese Zeit Hochbetrieb, aber die meisten Pferdebesitzer lassen ihre Tiere jetzt im Herbst so lange wie möglich auf der Koppel. Noch scheint die Sonne, aber man weiß nicht, wann das Wetter umschlägt und die Pferde nur noch auf den Sandplatz dürfen.

Hanna, Klaras Reitlehrerin, trainiert einsam mit einem der Privatpferde auf dem Außenplatz.

Ob das neue Pony schon da ist?

Klara und Anna schnappen sich zwei Halfter und rennen gemeinsam über den Hof. Hinter dem Torbogen mit der Aufschrift „Reitclub Cavallo" biegen sie ab auf den Feldweg in Richtung Wald. Kurz vor der Ponykoppel halten sie an und zählen aufgeregt die Tiere.

Aber alles ist wie immer. Der Isländer Draumur und das Welsh-Pony Lakritz grasen wie gewohnt nebeneinander. Die Schimmelstute Stella steht gedankenverloren mit den Hinterbeinen im Bach, als könnte sie sich nicht entscheiden, ob sie raus- oder reingehen soll. Und Krümel und Bastello?

Die Pflegeponys von Klara und Anna haben sich unter dem Apfelbaum am Zaun aufgestellt und schauen erwartungsvoll in die Höhe. Gerade als Anna das Gatter öffnet, fällt tatsächlich ein Apfel herunter. Er landet direkt auf Bastellos Kruppe. Erschrocken macht er einen Satz nach vorne und der Apfel purzelt auf den Boden.

Krümel streckt blitzschnell seinen Kopf vor und schnappt sich den Leckerbissen. Bastello bleibt nichts anderes übrig, als enttäuscht zuzuschauen.

Klara muss lachen. „He, Krümel!", ruft sie und droht mit dem Finger. „Benimmt man sich so gegenüber seinem besten Freund? Er bekommt den blauen Fleck und du den Apfel?"

Krümel trabt kauend auf sie zu. Es scheint ihn nicht weiter zu kümmern, was Klara über sein Verhalten denkt. Mit einem eleganten Schwung bremst er direkt vor seiner Pflegerin ab, schluckt die letzten Reste des Apfels hinunter und beginnt sofort, ihre Taschen nach Essbarem abzusuchen. Klara zerzaust seine schwarze Stirnlocke. Sie ist lang und verdeckt fast sein honigfarbenes Gesicht mit der weißen Blesse.

Der Connemara-Wallach wird ungeduldig. Er streckt seinen Kopf vor und versetzt Klara einen auffordernden Stups.

„Okay, okay, Knabber-Krümel. Wenn dir der Apfel nicht reicht …“ Klara angelt nach ihrem Mitbringsel. In einem Buch hat sie gelesen, dass man Pferde keinesfalls zur Begrüßung füttern soll. Aber die Verfasser des Textes haben es offensichtlich nicht mit Ponys wie Krümel zu tun. Notfalls kümmert er sich selbst um sein Leckerli. Krümel ist nämlich ziemlich schlau. Er kann Boxenriegel öffnen, Futtersäcke mit den Zähnen aufmachen, fremde Putzkästen durchwühlen …

Außerdem, denkt Klara, wird der Autor des Buches sicherlich ab und zu Bonbons oder Schokolade essen. Auch wenn das überhaupt nicht gut für ihn ist. Warum sollten Pferde also keine Leckerlis bekommen?

Sie zieht die Banane hervor, die ihr Anna aus dem Obstkorb der Cramers stibitzt hat, und hält sie ihrem Pony hin. Krümel sieht entzückt aus. Mit einem gezielten Biss kappt er die oberste Spitze der Banane und spuckt den Strunk in hohem Bogen Klara vor die Füße. Dann scharrt er ungeduldig mit den Hufen, bis Klara den Rest erledigt hat.

„Irgendwann schält er sie noch einmal ganz allein“, sagt Anna lachend, während sie Bastello das Halfter anlegt.

Einige Minuten später führen die beiden Mädchen die Ponys auf den Hof. Krümel läuft der Bananenbrei aus dem Mund und auch Bastello leckt sich übers Maul. Die beiden sehen überaus zufrieden aus.

Mittlerweile ist es im Reitstall nicht mehr ganz so menschenleer. Tim putzt Stellas Sattelzeug und Hanna steigt gerade von ihrem Pferd.

Klara bindet ihr Pony neben Bastello am Putzplatz an, als Herrn Wedels Transporter in die Toreinfahrt biegt. Herr Wedel ist der Besitzer des Reitstalls und Hannas Chef.

Klara und Anna wechseln einen Blick. Ob er das neue Pony bringt? Tim, der sich nur zu gerne von Stellas Sattelzeug ablenken lässt, gesellt sich zu ihnen. Neugierig schauen sie zu, wie Herr Wedel aus dem Wagen springt und nach Hanna ruft. „Eine Höllenfahrt!“, brummt er, als Hanna über den Hof kommt.

„Warum?“ Klaras Reitlehrerin mustert ihren Chef erstaunt.

Doch der deutet nur müde auf den Transporter. Und plötzlich, als hätte er einen Knopf gedrückt, beginnt es im Inneren des Wagens zu poltern und zu toben. Holz splittert, als Pferdehufe auf die Trennwände treffen.

Klara macht unwillkürlich einen Schritt nach hinten. Krümel schnaubt verwundert.

„Nur gut, dass ich mit dem Transporter unterwegs war und nicht mit dem normalen Pferdehänger“, sagt Herr Wedel. „Der wäre wahrscheinlich schon Kleinholz!“ Er greift nach einem Strick. „Hanna, lass uns das Teufelsbiest dort rausschaffen, bevor wirklich noch etwas kaputtgeht!“

Dann wendet er sich an die Kinder. „Ihr bleibt in sicherer Entfernung. Ich möchte nicht, dass einer von euch einen Huf abbekommt!“

Klara, Tim und Anna nicken gehorsam und ziehen sich in den Eingang des Ponystalls zurück. Von dort haben sie den besten Blick auf das Geschehen.

Herr Wedel verschwindet im Transporter. Sie

hören gedämpftes Fluchen. Dann öffnet sich die Klappe von innen.

„Bereit?“, ruft Herr Wedel.

„Fertig!“, sagt Hanna.

Doch sie hat das Wort noch nicht zu Ende gesprochen, da tobt schon ein schwarzes Wesen aus dem Transporter. Der stolze Kopf ist aufgerichtet, die Augen und Nüstern weit aufgerissen. Am Halfterstrick hängt Herr Wedel und versucht verzweifelt, die Stute zu bändigen. Sie ist lackschwarz ohne ein einziges weißes Abzeichen. Ihr Kopf ist fein geschnitten, ihre Beine und Hufe schmal und elegant. Klara hält den Atem an. Was für eine Schönheit!

Wieder reißt das Pony mit einem Ruck den Kopf hoch. Und ehe Herr Wedel sich versieht, gleitet ihm der Haltestrick aus der Hand.

Das Pony ist frei.

Ein Pony auf Abwegen

„Das Tor, Hanna! Rasch!“

Die Reitlehrerin ist schon am Hoftor und schließt die beiden Flügel. Klara beobachtet mit aufgerissenen Augen, wie das Pony im gestreckten Trab den Hof überquert. Kurz vor der Hallenmauer hält es inne, dreht auf der Hinterhand und prescht zurück.

Herr Wedel breitet die Arme aus. „Ho! Ho, meine Süße!“ Seine Stimme ist ganz tief und ruhig. „Keine Panik. Alles in Ordnung.“

Anna hat unwillkürlich Klaras Hand ergriffen. „Hoffentlich rutscht sie nicht auf den Steinen aus“, flüstert sie ängstlich.

Die Stute wiehert, es klingt hell und unglücklich. Endlich steht sie still. Herr Wedel nähert sich ihr vorsichtig, doch als er fast bei ihr ist, macht das Tier einen Satz und stürmt wieder in Richtung Reitplatz. Doch auch da versperrt ein Zaun dem Rappen den Weg.

Bei der nächsten Wendung gerät die Stute gefährlich ins Rutschen. Ihr Schweif peitscht aufgeregt hin und her.

„Klara, Anna!“ Hanna ruft leise zu ihnen herüber. „Stellt euch bitte zu euren Ponys und passt auf, dass sie sich nicht auch noch losreißen. Sonst haben wir hier das komplette Chaos!“

Klara löst ihren Blick von der rasenden Stute und sieht auf ihr Pflegepony. Krümel steht am Putzplatz und reckt neugierig den Kopf. Seine Ohren sind aufmerksam gespitzt. Bastello neben ihm tänzelt nervös. Behutsam machen Anna und Klara einige Schritte auf ihre Ponys zu und halten sie am Halfter fest. Plötzlich hört Klara hinter sich Hufschläge. Sie dreht sich um und hält den Atem an. Die schwarze Rappstute prescht direkt auf sie zu!

Wie aus weiter Ferne dringt ein gedämpftes Fluchen an Klaras Ohr. Verzweifelt sieht sie sich um. Hinter ihr ist der Ponystall, aber der Eingang liegt zu weit entfernt. Nie im Leben wird sie es rechtzeitig bis dorthin schaffen!

Die Stute bleckt die Zähne. Noch zehn Meter, dann ist sie heran. Noch drei.

Erschrocken schlüpft Klara unter Krümels Hals hindurch und versteckt sich hinter ihrem Pony. Fest presst sie die Augen zusammen und wartet auf den Stoß.

Doch es passiert – nichts.

Einen Augenblick später hört sie, wie Anna erleichtert aufseufzt.

Vorsichtig öffnet sie ein Auge. Und blickt in ein ängstliches, dunkles Ponygesicht.

Klara öffnet auch ihr zweites Auge. Die neue Stute hat direkt vor Krümel Halt gemacht. Sie keucht vor Aufregung. Der Wallach stupst die Stute an. „Was rennst du denn so?", scheint er zu fragen. „Vor uns brauchst du doch keine Angst zu haben!" Er pustet ihr in die Nüstern und die Stute hält ganz still.

„Klara!“ Sie hört Herrn Wedels Stimme wie aus weiter Ferne. „Traust du dich, sie am Halfter zu nehmen? Ganz, ganz vorsichtig, damit sie nicht erschrickt.“

Klara nickt. Langsam windet sie sich unter Krümels Hals hindurch.

Die Stute hat ihren Kopf inzwischen auf Krümels Rücken gelegt. Der Wallach macht keinen Muckser. Klara hebt die Hand und streicht der Rappstute über den Hals. Das Tier zittert ein bisschen.

Klara fängt leise an zu sprechen. Erst, um sich selbst zu beruhigen. Doch dann wird ihre Stimme fester. „Meine Schöne, ist ja alles gut“, sagt sie. „Schau mal, das hier ist Krümel, mein Pflegepony. Er liebt Bananen und hasst Mäuse. Neben ihm, das sind Anna und Bastello. Anna geht in meine Klasse und gemeinsam haben wir Reitunterricht bei Hanna. Sie ist ungeheuer nett. Selbst wenn du mal was falsch machst.“

Krümel legt seinen Kopf auf den Mähnenkamm des Ponys, wie um Klaras Worte zu bestätigen. Die schwarze Stute schnaubt einmal tief.

„Was meinst du?“, fragt Klara vorsichtig. „Hältst du still, wenn ich dich jetzt am Halfter nehme?“

Und tatsächlich, die Stute rührt sich nicht, als Klara nach dem Halfter greift. Sie schmiegt nur ihren Kopf noch dichter an Krümels Rücken, wie um Trost zu suchen.

Mit drei Schritten ist Hanna heran. Sie hakt den Strick ein und tätschelt der Stute den schweißnassen Hals.

„Gut gemacht, Klara!“, lobt Herr Wedel, der von der anderen Seite kommt. „Das hätte ins Auge gehen können.“ Auch er streichelt jetzt vorsichtig über das tiefschwarze Fell. „Darf ich vorstellen?“, sagt er. „Unser Neuzugang: Das ist Hexe.“

„Was für ein passender Name!“ Tim, der sich jetzt erst näher heranwagt, reckt den Kopf. „Hexe – wenn das mal kein Unglück bringt.“

Hanna achtet nicht auf ihn. „Am besten stellen wir die Stute auf den Paddock“, schlägt sie ihrem Chef vor. „Da kann sie sich beruhigen und an ihre neue Umgebung gewöhnen.“

Herr Wedel nickt. „Wir dürfen nicht vergessen, dass sie mit ihren vier Jahren noch nicht viel erlebt hat. Der Transport, der neue Hof, die fremden Menschen – kein Wunder, dass sie Angst bekommen hat."

Hanna ruckt am Strick, und nach einem kurzen Zögern folgt die Stute ihr. Krümel wiehert den beiden hinterher.

Klara drückt ihm einen Kuss auf den Hals. „Gut, dass du da warst, Krümel!", sagt sie stolz. „Ich weiß nicht, ob sie sich ohne dich so schnell beruhigt hätte."

Doch Krümel achtet nicht auf sie. Er schaut der Stute nach, die neben Hanna hergeht.

Auch Anna sieht ihr hinterher. „Wie elegant sie ist", sagt sie bewundernd.

„Das ist das Araberblut", brummt Herr Wedel erklärend. „Das hat sie von ihrem Vater, einem Berber-Araber. Ihre Mutter ist eine Reitponystute."

Nur Tim hat keine Augen für die Schönheit des neuen Ponys. „Aber Herr Wedel, wie konnten Sie denn ein derart schwarzes Pony kaufen?" Er stöhnt und greift sich an den Kopf. „Noch dazu mit dem Namen Hexe? Wahrscheinlich mischt sie nachts in ihrer Box heimlich Krötenaugen mit Monsterschleim."

„Spinner!" Klara muss lachen.

„Du hast recht!" Tim rauft sich die blonden Haare. „Spinnenbeine habe ich noch vergessen."

Anna verdreht die Augen.

Aber Tim ist immer noch nicht fertig. „Vermutlich bringt so ein Rappe genauso viel Unglück wie eine schwarze Katze, die von links kommt!" Er wendet sich mit weit aufgerissenen Augen an den Reitstallbesitzer. „Herr Wedel, sind Sie von links gekommen, als Sie in den Hof einbogen?"

Herr Wedel sieht ihn streng an. „Der Einzige, der Unglück über uns bringt, bist du, Tim", sagt er. „Wenn du nämlich im Reitunterricht mal wieder deine Absätze hochziehst. Das ist so ein Trauerspiel, dass wir alle *sehr* unglücklich darüber sind."

Fischige Rache

Klara wirft ihren Rucksack in den Flur und stürmt in die Küche. Zaster, der sich um seine rechtmäßige Begrüßung gebracht fühlt, folgt ihr kläffend.

Paps steht an der Spüle und schält Kartoffeln.

„Stell dir vor, was heute im Stall passiert ist, Paps!“, versucht Klara Zasters Gebell zu übertönen. „Wir haben ein neues Pony namens Hexe. Es ist ganz schwarz. Tim glaubt, dass Hexe Unglück bringt. Und wirklich – sie ist gleich abgehauen und hätte mich fast umgerannt. Krümel hat sie gerade noch bremsen können!“

Ihr Vater sieht sich nach ihr um. Seine Miene ist düster, die Stirn gerunzelt. Das Kartoffelmesser hält er drohend in der Hand.

Oh, oh, denkt Klara. Falsche Taktik.

Wenn man in diesem Haushalt Mist gebaut hat, gibt es zwei verschiedene Möglichkeiten. Entweder man verlässt sich darauf, dass Paps oft etwas zerstreut ist. Dann tut man so, als ob nichts gewesen sei. Ab und zu vergisst Paps dann tatsächlich, dass er eigentlich schimpfen wollte.

Oder man entschuldigt sich in aller Form bei ihm.

Die erste Methode ist für Klara immer die angenehmere. Aber meistens funktioniert sie nicht. Wie heute.

Nun gut, muss sie eben in den sauren Apfel beißen. Sie beugt sich zu Zaster herunter und besticht ihn mit einem Hundekeks. Wenn sie schon zu Kreuze kriechen muss, soll Paps es wenigstens auch hören. Und das tut er nicht, wenn sich ihr Jack-Russell-Terrier die Kehle aus dem Hals bellt.

„Also, Paps", beginnt sie gedehnt. „Es war so: Eigentlich wollte Maxi ..." Ihr Vater legt die Kartoffel auf ein Brett und zerteilt sie mit einem einzigen wütenden Schnitt. Zaster winselt. Klara winkt hastig ab. „Ja, ja, du hast ja recht. Ursprünglich war es meine Idee. Wir wollten euch mit dieser Quizshow im Fernsehen überraschen. Es gibt richtig viel Geld zu gewinnen.

20 000 Euro! Davon könntest du dir endlich den Wintergarten bauen lassen, den du immer als Arbeitszimmer haben wolltest. Oder Onkel Rosi hätte Geld für ein neues Gewächshaus. Falls er es ist, der gewinnt."

„Falls *er* es ist?" Paps brüllt. Das macht er selten, aber wenn, dann ist es ernst. Zaster klemmt den Schwanz ein und versteckt sich im Einkaufskorb.

Klara richtet sich auf. „Ich meine natürlich, er würde es sich bauen, wenn er gewinnen täte, was er aber natürlich …"

Ein Zischen und Pfeifen unterbricht sie. Paps fährt herum. Das Wasser auf dem Herd kocht über.

„Werte Tochter, ich bestehe darauf, dass du wenigstens anständiges Deutsch benutzt, wenn du dich schon so in Schwierigkeiten bringst!“, sagt Paps seufzend, nachdem er den Topf vom Feuer gezogen hat. „Es heißt nicht ‚gewinnen täte‘. Korrekt müsste es ‚gewönne‘ heißen.“ Er kichert. „Nun ja, das klingt auch nicht viel besser, oder?“

Klara grinst. Das Schlimmste ist überstanden, das weiß sie aus Erfahrung. Paps stellt die Temperatur des Backofens ein. Klara schnuppert. Irgendetwas riecht hier eklig. Aber egal. Sie winkt Zaster und will sich gerade nach oben in ihr Zimmer stehlen, als Paps sich umdreht und mit dem Finger droht.

„Glaub ja nicht, dass du mir so einfach davonkommst!“, sagt er. „Der Plan ist folgender: Ich werde zu dieser verdammten Show gehen und mich zum Narren machen. Ein Kollege vom Fernsehen hat mich schon angerufen und mir mitgeteilt, dass zahlreiche Wetten auf mich laufen.“

Klara beißt sich auf die Lippen. Sie hat ganz vergessen, dass Paps in Medienkreisen ziemlich bekannt ist. Er arbeitet als freier Journalist für einige Magazine und Tageszeitungen in Hamburg. „Und damit ich mich nicht restlos blamiere, wirst du, die mir das Ganze eingebrockt hat, alles tun …“, er hebt die Gabel drohend in die Luft, „… alles tun, damit ich gewinne!“

„Klar wie Klärchen!“, ruft Klara. „Kein Problem, wir bekommen dich schon fit. Ich frage dich jeden Tag ab. Und ich wette, du gewinnst. Vergiss Rosi! Schon mal ein Quiz gesehen, bei dem ein Finanzbeamter der Sieger war?“

„Sogar viele, liebe Nichte.“ Rosi ist in die Küche getreten und lockert seinen Schlips. Seine Aktentasche stellt er auf den Esstisch. „Und du kannst deinem Vater ausrichten, dass ich mich nicht bereits im Vorfeld geschlagen gebe!“

Paps wendet sich dem Herd zu. „Richte deinem Onkel doch bitte zurück aus, dass er keine Chance hat. Seine Allgemeinbildung ließ schon zu Kindestagen zu wünschen übrig, wie sein Geschichtslehrer sogar in einem Brief unseren Eltern schilderte.“

Maxi taucht hinter ihrem Vater auf, wirft Klara einen Blick zu und schneidet eine Grimasse. „Das haben wir jetzt davon!“, scheint sie zu sagen. Klara nickt ergeben. So etwas haben sie schon öfter durchgemacht. Ihre Väter haben manchmal tagelang nicht miteinander geredet und ihre Töchter als Sprachrohr missbraucht.

Rosi hat sich mittlerweile über seine Aktentasche gebeugt. „Der Spott deines Vaters, Klara, kann mir gar nichts“, sagt er würdevoll. Er öffnet die Tasche und zieht ein Buch mit einer aufgeklebten CD-Hülle heraus.

Klara entziffert den

Titel aus den Augenwinkeln. „Meditation für Gewinner“, murmelt sie. „Der sichere Weg zum Quizmillionär.“

„Aber Onkel Rosi!“, entfährt es ihr, bevor sie sich hastig verbessert. „Ich meine Onkel Robert Siegfried! Beim *Wilden Norden* kann man doch keine Millionen gewinnen. Sondern nur 20 000 Euro!“

„Das tut nichts zur Sache!“, sagt Rosi gekränkt. „Entscheidend ist, dass es nicht auf Wissen ankommt. Sondern auf die richtige Einstellung.“ Er dreht das Buch um und liest vor, was hinten draufsteht. „Meditation für Gewinner – Ihr Schlüssel zum Erfolg. Eine brandneue Methode, um Ihr Unterbewusstsein zu öffnen. Bald können Sie jede Frage beantworten! Lassen Sie sich verblüffen – von sich selbst.“ Onkel Rosi strahlt seine Nichten an. „Seht ihr? Es ist ein Kinderspiel, zum Quizmillionär zu werden.“ Er legt das Buch auf den Tisch.

„Richte deinem Onkel aus, dass er mit seinen Millionen bis nach dem Essen warten muss“, sagt Paps und öffnet die Ofenklappe. Wieder winselt Zaster. Und Klara hätte es ihm fast nachgemacht, denn nun weiß sie plötzlich, was vorhin so furchtbar gerochen hat.

„Um eure wunderbare Idee gebührend zu feiern, habe ich zwar kein Buch besorgt. Aber einen Karpfen!" Paps grinst rachsüchtig. Im Gegensatz zu ihm kann nämlich die ganze Familie und insbesondere sein Bruder Karpfen nicht ausstehen. Aber in dieser Situation will das natürlich keiner zugeben.

„Wie köstlich!", säuselt Onkel Rosi.

„Toll, Paps", presst Klara hervor. Er soll bloß nicht merken, wie sehr sie diesen fischigsten aller Fische verabscheut.

„Ausgesprochen aufmerksam von dir, Onkel Peter", stöhnt Maxi.

Nur Zaster gibt keinen Laut von sich. Er hat sich seinen Kauknochen geschnappt und ist ins Wohnzimmer abgedampft. Und Klara hätte schwören können, dass Onkel Rosi und Maxi dem Hund neidisch hinterherblicken.

Genau wie sie selbst.

Alles Zufall?

Es ist schon kurz vor halb fünf, als Klara am nächsten Tag auf dem Reiterhof eintrifft. Erst musste sie jede Menge Hausaufgaben machen und dann hat Paps sie noch dazu verdonnert, Wäsche aufzuhängen. Als sie protestieren wollte, hat er mit dem Rest des Karpfens gedroht. Da hat Klara lieber nachgegeben.

Hinter der Toreinfahrt bremst sie ihr Fahrrad und lehnt es an den Ponystall. Der Lastwagen des Schmieds steht vor der Scheune. Klara winkt ihm zu. Felix, der Schmied, den Klara von seinen vielen Besuchen auf dem Reiterhof gut kennt, hämmert gerade ein Eisen auf seinem Amboss zurecht.

Zaster ist den ganzen Weg durch den Wald mit fliegenden Ohren vorangejagt. Nun flitzt er an Klara vorbei in den Ponystall. Als sein Frauchen hinterherkommt, kratzt er schon mit den Vorderpfoten an Krümels Tür.

„Ist ja gut", sagt Klara und öffnet die Box. Zaster saust auf das Pony zu und macht Männchen. Normalerweise begrüßt ihn Krümel mit einem Nasenstüber, aber heute achtet er nicht recht auf den Hund. Auch Klara wird nicht wie üblich von oben bis unten beschnuppert. Krümel schnappt sich nur seine Mohrrübe, dann wendet er ihr wieder sein Hinterteil zu. Trübsinnig lässt er den Kopf hängen. Selbst seine Ohren sind nicht wie sonst aufmerksam in die Höhe gerichtet. Er ist ein Bild des Jammers.

„Hey Krümel, hattest du etwa auch Karpfen gestern Abend?", fragt Klara besorgt. „Dann könnte ich verstehen, wenn es dir schlecht geht." Sie streichelt seine Nase. Vielleicht hat ihr Pony Fieber? Aber die Nüstern fühlen sich feucht und kühl an. Kein Grund zur Besorgnis. Klara wirft einen Blick in die Box nebenan, wo Bastello steht.

„Ich verlasse mich darauf, dass du ihn später ein bisschen aufheiterst, Bastello. In Ordnung?", sagt Klara und streift ein Halfter über Krümels Kopf. Dann versucht sie, ihr Pony auf den Hof zu führen. Krümel sieht sie an, als würde sie von ihm verlangen, eine Dreimetermauer zu überwinden. Eine volle Minute lässt er sich nicht dazu bewegen, sich in Gang zu setzen. Klara versucht es mit Ziehen und Zerren. Mit Schimpfen und mit Leckerli. Schließlich bittet sie sogar Zaster, von hinten zu treiben. Aber nichts funktioniert.

Endlich seufzt Krümel einmal tief auf, als hätte er einen Entschluss gefasst, und lässt sich dazu herab, seiner Pflegerin auf den Hof zu folgen.

Klara runzelt die Stirn. So hat sich ihr Pony noch nie benommen. Manchmal ist es ein bisschen zu übermütig. Oder es hat irgendeinen Streich im Hinterkopf. Aber faul oder trübsinnig war es noch nie.

Sie bindet den Connemara-Wallach gerade im Freien an, als ein Scheppern aus der Scheune ertönt, gefolgt von einem Rumpeln und einem gedämpften Fluch. Klara sieht zum Lastwagen des Schmiedes hinüber. Krümel wiehert.

„Hanna!“, hört Klara den Schmied rufen. „Ist dir etwas passiert?“

Zaster spitzt die Ohren und setzt zu einem Sprint an.

Klara ist fast genauso schnell wie ihr Hund. Sie zieht Krümels Strick mit einem Ruck fest und rennt im Eiltempo über den Hof. Kurz vor der Scheune stoßen Anna, Lou und Tim zu ihr.

Auf den ersten Blick erfasst Klara gar nicht, was geschehen ist.

Im Eingang der Scheune steht das neue schwarze Pony. Der Schmied hält die Stute am Halfterstrick.

Hexe schnaubt erschrocken und blickt auf Hanna hinunter, die neben ihr auf dem Boden sitzt. Die junge Frau ist ganz grün um die Nase. Herr Wedel kniet bei ihr.

„Hanna, um Gottes willen!“ Klara ist mit einem Satz bei ihrer Reitlehrerin.

Hanna versucht ein schiefes Grinsen und deutet auf ihren Knöchel, der seltsam verdreht absteht. „Ich fürchte, mein Fuß ist nicht mehr ganz der alte.“

„Aber wie ist denn das passiert?“ Anna wird fast so blass wie Hanna.

Felix, der Schmied, mischt sich ein. Er deutet auf Hexe. „Ich kann es mir auch nicht erklären. Erst stand die Stute ganz ruhig und ließ sich beschlagen, als hätte sie ihr Leben lang nichts anderes gemacht.“ Er zuckt mit den Schultern. „Und dann plötzlich war es, als ob der Teufel in sie gefahren ist. Ohne Vorwarnung ist sie in die Höhe gesprungen und wollte sich losreißen.“

Herr Wedel nickt. „Ich konnte sie kaum halten. Bei dem Durcheinander muss sie mit einem ihrer Hufe Hanna am Knöchel erwischt haben.“

Klara verzieht unwillkürlich das Gesicht und beugt sich zu Hanna herunter. „Das muss ja schrecklich wehgetan haben.“

Hanna nickt. „Um ehrlich zu sein, so richtig gut fühlt es sich immer noch nicht an.“

Herr Wedel klatscht in die Hände. „Wir Vollidioten! Da stehen wir untätig herum, während Hanna Schmerzen hat!“ Gemeinsam mit Felix hilft er der Reitlehrerin hoch.

Kaum steht Hanna wackelig auf einem Bein, legt die Rappstute, die das Geschehen verfolgt hat, ihren schwarzen Kopf auf die Schulter der Reitlehrerin.

Herr Wedel macht eine Handbewegung. „Vorsicht!“, sagt er. „Ich fürchte, sie ist unberechenbar.“

Hanna schüttelt den Kopf und tätschelt der Stute den Hals. „Das stimmt nicht“, sagt sie und wendet sich an die Stute. „Du hast es nicht so gemeint, meine Schöne“, sagt sie leise. „Woher sollst du wissen, dass wir Menschen so schnell zerbrechen?“ Sie streicht ihr mit der Hand über die Nase. Die Stute schnaubt leise.

Felix stützt Hanna. „Ich nehme Sie mit ins

Krankenhaus", sagt er bestimmt. „Der Knöchel muss geröntgt werden!"

Hanna zieht eine Grimasse, aber dann hinkt sie folgsam neben Felix zum Lieferwagen.

Klara, Tim und Anna winken dem Auto bedrückt hinterher.

„Hoffentlich ist nichts gebrochen", sagt Klara. Sie wendet sich zu Herrn Wedel um, der Hexe gerade in eine der großen Abfohlboxen am hinteren Ende der Scheune führt. Hier stehen normalerweise die Zuchtstuten im Frühjahr mit ihren Fohlen.

„Warum darf Hexe denn nicht in den Ponystall?", wundert Klara sich.

Herr Wedel seufzt. „Als ich sie gestern hereinbringen wollte, ging ihre Boxentür im Ponystall plötzlich nicht mehr zu. Sie hing ganz schräg in den Angeln." Er zieht die Augenbrauen zusammen. „Es kann dauern, bis ich die wieder repariert habe. Wenn Hanna ausfällt, weiß ich wirklich nicht, wie ich das alles hier schaffen soll." Er macht eine hilflose Geste.

„Die Boxentür ist einfach so kaputtgegangen?", wiederholt Klara.

Herr Wedel nickt. „Ja.“ Er deutet auf die zweite Abfohlbox, in der weißes Fell aufblitzt. „Ich musste Stella auch noch hier herüberstellen, damit Hexe nicht allein ist.“ Seufzend wendet er sich zu den Futtersäcken in der Ecke und beginnt, Haferportionen abzufüllen.

Tim stößt Klara von der Seite an. „Ein kaputter Knöchel. Eine kaputte Tür. Merkt ihr was?“

Klara sieht ihn ungläubig an. „Meinst du wirklich?“

„Ich habe es euch ja gesagt. Es ist Hexe! Das kann doch kein Zufall sein. Das schwarze Pony bringt Unglück!“

Er sieht die Mädchen bedeutungsvoll an. Plötzlich schreckt er in die Höhe. Herr Wedel ist lautlos hinter ihm aufgetaucht und hat ihn angetippt.

„Wenn das so ist, traust du dich sicherlich nicht, unser Hexenpony zu füttern, oder?“, fragt der Reitstallbesitzer grinsend und hält ihm einen Eimer hin.

Tim hat sich wieder gefangen. „Das ist kein Problem für mich!“, erklärt er großspurig. „Sie wissen es vielleicht nicht, aber ich bin mit ei-

nem Muttermal auf die Welt gekommen, das die Form eines vierblättrigen Glücksklees hat." Er rollt die Ärmel auf und zeigt auf einen dunklen Fleck auf seinem Oberarm.

Klara tritt einen Schritt vor, um besser sehen zu können. „Vierblättriger Glücksklee?", fragt sie zweifelnd. „Für mich sieht das mehr nach einem Haufen Pferdeäpfel aus."

„Mädchen!", sagt Tim abfällig. „Nicht einen Hauch von Fantasie!"

Hilfe für Herrn Wedel

Klara lässt sich Zeit, bis sie Krümel wieder in den Stall zurückführt. Er hat während der Aufregung um Hanna geduldig auf dem Hof auf sie gewartet.

An eine Reitstunde ist heute natürlich nicht mehr zu denken, dafür hat Herr Wedel zu viel zu tun. Aber Klara nutzt die Gelegenheit, um Krümels Mähne zu frisieren. Sie hat es dringend nötig.

Während Klara Strähne für Strähne kürzt, denkt sie nach. Kann es wirklich sein, dass ein Pferd Unglück bringt? Eigentlich glaubt sie es nicht. Aber es ist wirklich einiges passiert, seit Hexe auf dem Hof ist. Klara hofft nur, dass die Stute sich in den nächsten Tagen etwas besser eingewöhnt. Denn Herr Wedel hat sie für den Reitschulbetrieb gekauft. Und da muss sie sich benehmen. Mit den kleinen Kindern ist das sonst zu gefährlich.

Klara legt den Kopf schräg und wirft einen prüfenden Blick auf Krümels Mähne. Ein bisschen schief, aber egal. Immerhin besser als sonst. Denn üblicherweise lässt Krümel Klaras Frisierkünste nicht so geduldig über sich ergehen. Meist versucht er, nach dem Kamm zu schnappen, als sei er ein lästiges Insekt. Aber heute achtet er nicht weiter darauf.

Er macht auch kein Theater, als Klara ihn in seine Box zurückbringt. Doch gerade als sie auf die Stallgasse gehen will, legt er mit einem Seufzen seinen Kopf auf ihre Schulter. Genau wie Hexe vorhin bei Hanna. Da kann Klara nicht anders, als ihn hinter den Ohren zu kraulen – das liebt er besonders.

Als sie sich eine Viertelstunde später endgültig verabschiedet, sieht Krümel zum ersten Mal an diesem Tag etwas glücklicher aus.

Lou, Anna und Tim sitzen schon oben auf dem Heuwagen und blicken Klara erwartungsvoll entgegen. Wenn irgendetwas im Stall passiert ist, treffen sich die Kinder entweder auf dem Apfelbaum an der Ponykoppel oder auf dem alten Heuwagen hinter der Reithalle.

Nur dass Tim diesmal nicht mit den Mädchen oben sitzt, sondern im Schneidersitz auf dem Boden neben der Deichsel. „Ja, bin ich denn todesmutig?“, sagt er auf Klaras fragenden Blick. „Von dort oben kann man sehr leicht herunterfallen und sich jede Menge Knochen brechen oder verstauchen.“ Er blickt sich vorsichtig um. „Schließlich ist Hexe nicht weit entfernt.“

„Ach, ich dachte, du hättest dieses Glücksmuttermal!“, entgegnet Klara spöttisch und schwingt sich zu den Mädchen auf den Wagen.

Lou sitzt auf einem Heuballen und kaut an einem Halm. „Aber seltsam ist es schon, was hier alles passiert, seit Hexe da ist“, sagt sie.

Klara nickt und streichelt gedankenverloren Zaster, der sich zu ihr gesellt hat und neugierig ihren Reithelm untersucht. „Erst hat Hexe sich losgerissen und mich fast umgerannt. Dann ist die Boxentür kaputtgegangen“, zählt sie auf. „Und jetzt hat sich Hanna auch noch den Knöchel verstaucht.“

„Außerdem ist Herrn Wedel eben ein Futtersack geplatzt“, ergänzt Tim. „Der Hafer war quer über die Stallgasse verteilt.“ Er grinst. „Ich habe Stella nur mit Mühe daran hindern können, sich die ganze Bescherung auf einmal einzuverleiben.“ Die anderen sehen ihn mit großen Augen vom Heuwagen herunter an. Eine Minute lang herrscht Schweigen.

Schließlich ist es Anna, bei der die Vernunft siegt. „Futtersäcke platzen alle naselang“, erinnert sie ihre Freunde mit fester Stimme. „Hexe ist offensichtlich beim Beschlagen über irgendetwas erschrocken. Und Hanna hat eben unglücklich im Weg gestanden.“

„Was ist mit der Boxentür?“, fragt Klara zweifelnd.

„Der Ponystall ist schon alt. Da kann doch einmal eine Tür kaputtgehen!“ Anna wird energisch. „Hört mal, Leute, ehe wir hier Gespenster an die Wand malen, sollten wir uns lieber überlegen, wie wir Herrn Wedel helfen können.“

Klara nickt. Anna hat recht. Normalerweise kümmert sich Hanna um den Ponystall und den Reitunterricht für die Kinder. Herr Wedel hat mit den Einstellern, dem Großpferdestall und dem Bürokram ohnehin schon mehr als genug zu tun. Wenn Hanna jetzt ausfällt, wird er echte Probleme bekommen.

Auch Lou nickt. „Okay, was können wir tun?“

Anna denkt nach. „Wenn Hannas Knöchel verstaucht ist, wird sie nicht arbeiten dürfen. Vielleicht kann sie Reitunterricht geben. Aber bei dem Rest wird sie ausfallen.“

Name	Wochenende	Montag	Diensta
Klara Fuchs	Hilft bei allem, was ansteht	Assistiert beim Voltigieren	macht Ponys für Kinderreitstunde fertig
Tim Kerner	Hilft bei allem, was ansteht	Holt Ponys von der Koppel	Kümmert sic um die Kinder der Kinderreitstun
Anna Cramer	Hilft bei allem, was ansteht	Holt Ponys von der Koppel	Füttert He und holt Po von der Kopp
Lou Ruben	Hilft bei allem, was ansteht	Füttert Heu im Ponystall	muss Math lernen ☹

* zwei der Unterzeichnenden haben Mittwoch Nachmittag Theater-AG

gezeichnet

Klara legt den Finger auf den Mund. „Wie wäre es, wenn wir zum Beispiel den Kleinkram erledigen?“, schlägt sie vor. „Das, was wir auch in den Ferien machen. Ponys von der Koppel holen, Heu füttern, den Hufschlag in der Halle harken, den Hof fegen …“

Tim stöhnt auf. „Am besten komme ich doch zu euch nach oben“, überlegt er laut. „Wenn ich vom Wagen falle und mir den Arm breche, brauche ich wenigstens nicht diese Sklavenarbeiten zu erledigen.“

„Klappe!“, rufen die drei Mädchen so laut,

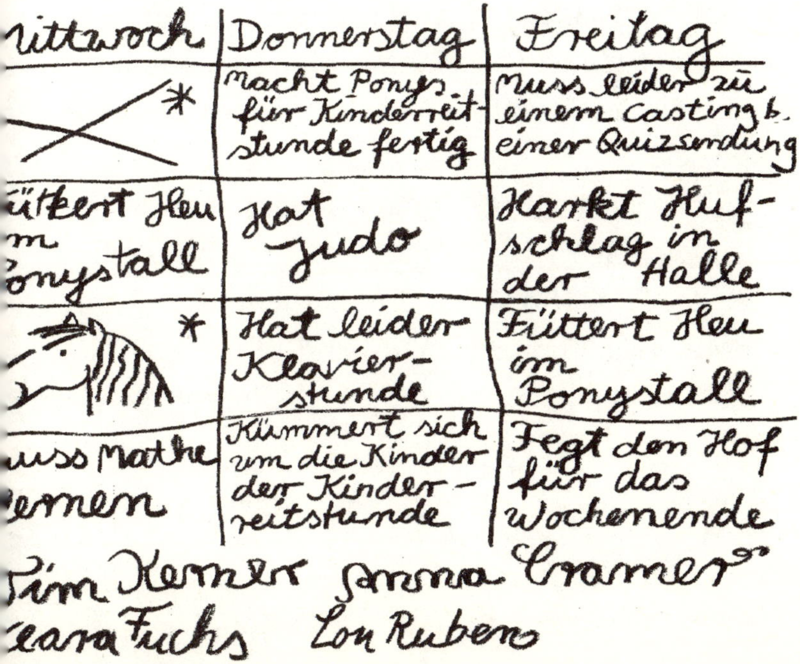

dass Zaster, der im Schatten der Reitkappe eingeschlafen ist, zusammenzuckt.

Anna faltet einen Heuhalm in kleine Stücke. „Wie wäre es, wenn wir einen Wochenplan machen und eintragen, was genau wir übernehmen? Dann kann sich Herr Wedel darauf einstellen."

„Ich schreibe nächste Woche leider eine Mathearbeit." Lou seufzt. „Dienstag und Mittwoch kann ich nicht helfen."

„Bei mir geht es Mittwoch auch nicht!", ruft Anna.

„Moment! Bin gleich wieder da." Klara springt vom Heuwagen und saust in den Stall. Dort reißt sie einen Zettel von Hannas Block ab, schnappt sich einen Bleistift und kehrt zu den anderen zurück.

Eine halbe Stunde später ist der Plan fertig. Und weil Herr Wedel nicht im Haus ist, werfen sie das Papier in seinen Briefkasten. Dann kann der Reitstallbesitzer am Abend sehen, wie viel Hilfe er in den nächsten Tagen bekommt.

Ein arbeitsreiches Wochenende

Der nächste Tag vergeht wie im Flug. Klara rast nur so zwischen ihrem Zuhause und dem Stall hin und her. Glücklicherweise ist Wochenende, und sie haben keine Schule.

Klara hätte sich nicht träumen lassen, wie viel Arbeit so ein Reitstall bedeutet. Herr Wedel hat große Augen gemacht, als er ihren Zettel gefunden hat. Und da Hannas Knöchel tatsächlich verstaucht ist, hat er die Hilfe der Kinder nur zu gerne angenommen.

Am Abend fällt Klara wie tot ins Bett. Morgens hat sie in Windeseile alle Hausaufgaben für Montag gemacht. Sie hat Maxi dazu verdonnert, zwischen Paps und Onkel Rosi zu vermitteln, die sich immer noch wegen der Quizshow in der Wolle haben. Und im Stall ist Klara zwischen Koppel, Heuboden und Ställen hin- und hergeflitzt. Tim, der ihr in die Quere gekommen ist, hat einen ordentlichen Rüffel bekommen.

Und ein erwachsener Reiter, der sein Pferd ausgerechnet in ihrer frisch geputzten Waschbox fertig machen wollte, hat sich verschreckt verzogen. Aber Klara ist stolz, dass sie alles rechtzeitig geschafft hat.

Eines jedoch bereitet ihr schrecklichen Kummer. Und das ist Krümel.

Denn mit ihrem Pony ist eindeutig etwas nicht in Ordnung. Statt wie sonst Späße zu machen, lässt er den Kopf hängen. Statt sich auf sein Futter zu stürzen, kaut er an dem Hafer herum, als wäre er ungenießbar. Statt auf der Koppel mit seinen Freunden herumzutoben, steht er nur da und schaut den anderen zu.

„Wie lange benimmt er sich denn schon so?“, erkundigt sich Herr Wedel am Sonntagmorgen. Er hat mit dem Trecker neue Strohballen in den Ponystall gebracht und Klara hilft ihm, die frische Einstreu in die Boxen zu verteilen.

Sie überlegt. „Seit vorgestern.“ Sie schauen beide auf Krümel, der schläfrig in seiner Box steht und vor sich hindöst. Herr Wedel öffnet die Boxentür und untersucht das Pony. Er sieht ihm in die Augen und fühlt an seiner Flanke nach dem Puls. Er tastet seine Beine ab und drückt einige Stellen am Hals und am Rücken. Dann richtet er sich auf.

„Krank ist er nicht“, sagt er nachdenklich. „Aber es könnte der Fellwechsel sein. Jetzt im Herbst, wenn die Ponys ihr dickes Winterfell bekommen, sind sie oft matt und antriebsschwach.“ Er lächelt Klara aufmunternd zu. „Ich frage Frau Ruben-Matzke, ob sie mir ein Vitaminpräparat für ihn gibt“, schlägt er vor. Klara nickt. Darauf hätte sie auch selbst kommen können. Frau Ruben-Matzke ist Lous Mutter und Tierärztin im nahe gelegenen Safaripark. „Und du siehst jeden Tag nach ihm und munterst ihn auf!“, ordnet Herr Wedel an. „Am besten reitest du ihn auch, wenn er nicht in den Reitstunden mitgeht. Bewegung ist gut für ihn.“

Er greift nach seiner Heugabel. „Hanna hat sowieso vor, euch heute eine Extrastunde zu spendieren. Als kleines Dankeschön für eure Hilfe.“

Klara strahlt. „Prima!“, ruft sie und macht sich mit Feuereifer an die nächste Box.

Nachdem sie mit dem Strohverteilen fertig ist, pfeift sie nach Zaster und führt Krümel am Halfter in die Waschbox. Während ihr Hund sich einen Beobachtungsposten in sicherer Entfernung sucht, stellt Klara den Schlauch an. Das Wasser spritzt in einem Strahl heraus.

„Hier!“, lockt Klara. „Schau mal, Krümel!“

Krümel sieht erst sie, dann den Schlauch an. Normalerweise würde er jetzt das Maul voller Wasser nehmen und seine gesamte Umgebung nass spritzen. Aber heute wendet er sich nur gelangweilt ab.

Seufzend führt Klara ihn wieder aus der Waschbox und bindet ihn am Putzplatz an, um ihn zu satteln. Sie hatte gehofft, dass sein Lieblingsspiel ihn etwas aufmuntern würde. Aber weit gefehlt.

Nachdenklich streicht sie ihm über sein honigfarbenes Fell. Ein Büschel Haare löst sich und fällt auf den Boden.

Hanna humpelt über den Hof. „Der wird schon wieder!", ruft sie. „Herr Wedel hat eben mit mir gesprochen. In zwei Wochen ist der Spuk mit dem Fellwechsel vorbei."

„Im Fellwechsel mag er ja sein", sagt Klara und deutet auf das Haarbüschel. „Aber letztes Jahr im Herbst hat er sich nicht so benommen. Warum denn jetzt plötzlich?"

„Vielleicht wird der Winter besonders kalt, und die Pferde bekommen viel Fell?", vermutet Hanna. Sie lässt sich vorsichtig auf einem Hocker neben dem Reitplatz nieder. „Ich würde vorschlagen, du sattelst ihn schleunigst. Ich habe mir zwar meinen Knöchel verstaucht. Aber nicht meine Stimme." Sie grinst. „Über den Reitplatz kann ich immer noch brüllen."

Die Düllenburger Kreisliga

„Klara, ein bisschen mehr vorwärts!“, ruft die Reitlehrerin von ihrem Platz hinter dem Zaun.

Klara beißt die Zähne zusammen. Seit einer halben Stunde quält sie sich damit ab, Krümel in Bewegung zu setzen. Doch so sehr sie ihn auch antreibt, ihr Pony erklärt sich höchstens zu einem müden Trab bereit.

„Abteilung bilden!“, schallt es vom Zaun.

Klara reiht sich hinter Anna ein, während Lou mit Lakritz die Spitze der Abteilung übernimmt. Tim bildet mit Stella das Schlusslicht. Jella, die normalerweise die Fünfte im Bund ist, liegt seit ein paar Tagen mit Windpocken im Bett. Nicht mal besuchen dürfen sie die Freundin.

„Abteilung rechts dreht, links marschiert auf“, kommt das Kommando von Hanna. „Abteilung Halt!“

Nacheinander reihen sich die Reiter auf der

Mittellinie auf. Hanna beugt sich auf ihrem Hocker vor. „Wollt ihr vier ein bisschen Spaß haben?“, ruft sie laut.

„Oh ja“, antworten Klara, Anna, Lou und Tim wie aus einem Mund. Klara atmet auf. Vielleicht hat Hanna eine Spielidee für sie auf Lager? Krümel ist immer für Unsinn zu haben. Bestimmt bringt ihn das etwas in Schwung.

Hanna verschwindet humpelnd im Stall. Kurz darauf kommt sie mit einem großen Medizinball in der Hand zurück.

„Zeit für die berühmte Düllenburger Kreisliga!“, ruft sie. „Wie sieht es aus? Lust auf Fußball?“

Tim stöhnt auf. „Mit Mädchen? Nee, danke. Die wissen doch nicht mal, was ein Abseits ist.“

„Müssen sie auch nicht“, erklärt Hanna. „Denn im Pferdefußball lassen wir das Abseits mal beiseite. Zwei Mannschaften, zwei Tore, ein Ball. Welche Partei den Ball zuerst im Tor hat, gewinnt.“ Sie setzt sich wieder auf den Hocker. „Vergesst Abseits, Ecken oder sonstige Regeln. Ihr werdet sehen“, sie lächelt, „es wird auch ohne nicht langweilig.“

Und da hat Hanna recht. Schon nach zehn Minuten sind die Reiter nass geschwitzt.

An jeder kurzen Seite des Reitplatzes haben sie mit Eimern Tore aufgebaut. Lou und Tim bilden eine Mannschaft. Sie spielen gegen Anna und Klara.

Einige der erwachsenen Reiter haben sich zu Hanna an den Zaun gesellt und schauen zu. Selbst der viel beschäftigte Herr Wedel, der mit Hexe am Halfter gerade aus der Scheune kommt, bleibt neugierig stehen.

Denn auf dem Reitplatz tobt das Leben. Krümel ist aus seinem Fellwechsel-Tiefschlaf erwacht. Klara strahlt vor Glück. Sie hatte recht. Seit wenigen Minuten hat sie ein völlig verwandeltes Pony unter dem Sattel. Mit kleinen gezielten Tritten treibt Krümel den Ball über den Platz, als hätte er sein Leben lang nichts anderes getan.

Ganz klar, Fußball ist Krümels Leben!

„Abgeben!“, brüllt Anna über den Platz. „Abgeben, Klara!“ Doch Klara und Krümel achten nicht auf sie. Das Pony senkt den Kopf, um den Ball besser im Auge behalten zu können. Abwechselnd stupst er mit beiden Vorderhufen den Ball über den Reitplatzsand. Klara muss nur die Richtung vorgeben.

Aus den Augenwinkeln beobachtet sie, wie Lakritz sich von rechts nähert. Tim treibt Stella von links heran. Sie wollen sie einschließen.

„Hilf mir, Anna!“, ruft sie. Anna hält mit Bastello auf Lakritz zu und schneidet Lou geschickt den Weg ab. Jetzt ist nur noch Tim an Klara dran.

„Schneller, Krümel!“, zischt Klara.

„Schneller, Krümel!“, ruft Herr Wedel.

„Schneller, Krümel!“, jubeln die erwachsenen Reiter am Zaun.

Klara richtet sich im Sattel auf. Sie treibt ihr Pony vorwärts. Krümel verkürzt seine Trabschritte, als er merkt, dass sonst der Ball zu weit von der Strecke abkommt.

Das Tor taucht vor ihnen auf. Klara treibt Krümel quer auf die Eimer zu. Das Pony achtet nicht auf Tim, der mit Stella im Galopp an ihm vorbeiprescht, um das Tor zu schützen. Es senkt seinen Kopf nur noch tiefer.

Tim wendet Stella auf der Hinterhand und baut sich vor dem Tor auf. Das Paar lauert auf den Ball.

„Glaub ja nicht, dass ich den vorbeilasse!", ruft Tim. „Nur über meine Leiche."

„Krümel, schieß!" Klara hat gebrüllt. Und als ob ihr Pony sie verstanden hätte, nimmt es Maß, beäugt den Ball und versetzt ihm plötzlich mit dem Maul einen Stoß.

„Kopfball!", jubelt Anna.

„Tor!", rufen die Zuschauer am Zaun.

„Foul! Schiebung!", empört sich Tim.

Aber er kann sich aufregen, solange er will. Der Ball ist drin.

Krümel tänzelt über den Reitplatz. Klara

nimmt ihre Reitkappe ab und schwingt sie grüßend in die Luft. Ein verdienter Sieg.

Erst jetzt scheint Herr Wedel sich daran zu erinnern, dass Arbeit auf ihn wartet. Er führt Hexe in Richtung Halle. „Hut ab, Klara!", ruft er im Vorübergehen. „Dein Pony mag zwar im Fellwechsel sein. Aber was ein echter Sportler ist, der steckt das weg."

Klara schwelgt immer noch in ihrem Triumph, als Tim zwanzig Minuten später den Kopf in die Sattelkammer steckt.

„Klara, beeil dich!", ruft er aufgeregt. „Herr Wedel longiert Hexe in der Reithalle. Vielleicht reitet er sie auch noch. Das dürfen wir nicht verpassen."

Klara hievt Krümels Sattel auf den Bock und hängt die Trense an den Haken darüber. Dann flitzt sie Tim hinterher. Vor der Halle verlangsamen die beiden ihre Schritte. Leise schleichen sie die Stufen auf die Zuschauertribüne hinauf. Hanna sitzt mit Lou und Anna bereits auf einer der vorderen Bänke. Die drei schauen gespannt dem Geschehen in der Reithalle zu.

„Hexchen, benimm dich bloß", murmelt Hanna gerade mit zusammengebissenen Zähnen. Klara wirft ihr einen bewundernden Blick zu. Schließlich ist es Hexe gewesen, die Hanna so schwer verletzt hat, dass sie im Reitstall ausfällt. Ganz abgesehen von den Schmerzen. Aber die Reitlehrerin ist nicht böse auf das Pony. Ganz im Gegenteil, sie scheint sich schreckliche Sorgen um sie zu machen.

Und das zu Recht. Denn Hexe gebärdet sich wie – eine Hexe.

Wenn sie vorwärts traben soll, stemmt sie alle viere in den Hallenboden und bewegt sich kein Stück. Wenn sie anhalten soll, springt sie in die Luft und rast anschließend los.

Klara staunt, dass Herr Wedel so ruhig bleibt und dem wildgewordenen Pony immer wieder zuredet. Schließlich gelingt es ihm, dass die Stute zwei Runden fehlerfrei absolviert. Sofort hält der Reitstallbesitzer das Tier an, rollt die Longierleine auf, geht auf die Stute zu und tätschelt ihr den Hals.

„Genug für heute!", ruft er zu Hanna hoch. „Aber das ist ein Stück Arbeit, kann ich dir sagen."

Hanna zieht die Augenbrauen zusammen. „Geben wir ihr eine Chance."

Herr Wedel zuckt mit den Achseln. „Wir probieren es weiter. Aber du weißt, wie wenig Zeit ich habe, mich um sie zu kümmern."

Hanna lässt den Kopf hängen. „Er hat recht", sagt sie leise zu den Kindern. „Eigentlich ist das meine Aufgabe. Aber mit dem verflixten Fuß …" Sie schaut an sich hinunter, und die vier folgen ihrem Blick.

Mit einem Mal ertönt aus der Halle trommelnder Hufschlag.

Erschrocken sieht Klara hoch.

Herr Wedel steht völlig verdutzt in der Mitte der Halle. In seiner Hand hält er eine Hälfte der langen Longierleine.

Zehn Meter weiter in der Ecke unter dem Spiegel steht Hexe. An ihrer Trense hängt das andere Ende der Longe.

„Wie ist denn das nun wieder passiert?“ Hanna steht mühsam auf.

Herr Wedel schaut verblüfft zu ihr hoch. „Mittlerweile glaube ich selbst an das, was unser Tim hier ständig behauptet.“ Er deutet auf die Longe. „Dieses Pony zieht das Unglück nur so an.“

Ein Hund geht baden

„Und dann ist auch noch die Longe gerissen“, erzählt Klara und schaufelt sich Reis in den Mund. „Herr Wedel sagt, dass er so etwas noch nie erlebt hat. Die Longen sind aus extradickem Seil gefertigt. Weil Pferde wahnsinnig viel Kraft haben. Deshalb sind die Leinen eigentlich unzerreißbar.“ Sie verschluckt sich fast an ihrem Reis. „Hexe bringt vielleicht wirklich Unglück!“

Klaras Vater nickt abwesend und legt ihr noch ein bisschen Huhn auf den Teller. „Hexen“, murmelt er versonnen. „Dem Volksglauben nach zauberkundliche Frauen mit magischschädigenden Kräften.“

Klara sieht ihn verblüfft an. „Wie bitte?“, fragt sie.

Paps seufzt. „Nun ja, ein bisschen muss ich mich ja auf dieses verdammte Fernsehquiz vorbereiten“, erklärt er. „Heute hab ich im Lexikon geblättert. Und bin beim Buchstaben H hängen geblieben." Er stochert in seinen Erbsen. „Ihr wisst gar nicht", sagt er versonnen, „was für wunderliche Dinge es mit dem Buchstaben H gibt. Heruler – ein germanisches Volk. Hämozyten – Blutkörperchen. Hondo – die größte japanische Insel."

Onkel Rosi reckt sich und nimmt einen Schluck aus seinem Glas. „Was für eine stümperhafte Vorgehensweise", wendet er sich an Klara und Maxi. „Hondo – die größte japanische Insel. Dass ich nicht lache. Die Chancen stehen wahrscheinlich 1:1 000 000 000, dass ausgerechnet diese Frage drankommt!" Er blickt in die Runde. Dann wirft er sich in die Brust. „Ich für meinen Teil, ihr Lieben, habe eine Stunde lang meditiert. Das genügt vollauf. Jetzt habe ich mich mit positiver Energie aufgeladen und mein Bewusstsein ist geschärft für alle Fragen dieser Welt."

Paps schiebt Zaster beiseite, der sich ein Stück Hühnchen vom Teller stibitzen will. „Von wegen positive Energie", murmelt er. „Sein Schnarchen hat man bis ins Wohnzimmer gehört. Wenn der was gelernt hat, dann heiße ich Zaster!"

Onkel Rosi setzt zu einer gepfefferten Erwiderung an, aber Klara hört nicht recht hin. Langsam hat sie den Dauerstreit ihrer beiden Erziehungsberechtigten ziemlich satt. Gähnend schiebt sie Zaster von ihrem Schoß. Ihr Hund verzieht sich in den Einkaufskorb, um sein Verdauungsschläfchen zu halten. Klara stellt ihren Teller in die Spülmaschine.

„Wohin willst du, Klara?“, erkundigt sich Paps.

„Och …“, Klara dehnt den Laut ganz lang. „Nur in mein Zimmer. Ich muss noch den Deutschaufsatz fertig machen, der ist Mittwoch fällig.“

„Löblich, löblich“, sagt Onkel Rosi und wischt sich den Mund mit der Serviette ab. „Nicht so wie dein Vater, der erst kurz *nach* dem eigentlichen Abgabetermin mit einem Artikel anfängt.“

Paps knallt den Deckel auf den Reistopf. „Es hat durchaus Vorteile, wenn man schlau und schnell zugleich ist. Zum Beispiel bei der Teilnahme an Quizsendungen im Fernsehen!“

Klara gähnt wieder und wechselt einen Blick mit Maxi. Wie konnten sie nur auf die hirnrissige Idee kommen, ihre Väter für diese Quizsendung anzumelden? Wäre doch nur schon Freitagabend! Dann wäre das Casting vorbei und das Ganze hätte ein Ende.

Klara ist bereits im Flur, als Paps sie wieder zurückruft. „Du weißt, dass du dieses Wochenende dran bist, Zaster zu baden?“, fragt er. „Am besten erledigst du das noch vor dem Aufsatz. Und bei der Gelegenheit könntest du deinem Hund vielleicht auch beibringen, dass mein Einkaufskorb nicht zum Schlafen gedacht ist. Dafür hat er ein Hundekörbchen.“

„Aber Zaster liebt doch den Einkaufskorb so sehr“, sagt Klara. Wenn sie sich auf das Thema stürzt, vergisst ihr Vater vielleicht die Sache mit dem Baden.

„Keine Widerrede.“ Paps ist unerbittlich. „Kein Korb, sondern die Badewanne.“

Zaster hat während des Wortwechsels ein Auge halb geöffnet. Doch als er hört, worum es geht,

schließt er es hastig wieder. Er streckt alle viere von sich und stellt sich tot. Wenn es darauf ankommt, ist Zaster ein begnadeter Schauspieler.

„Hilft nichts, mein Bester. Da müssen wir durch.“ Klara nimmt den Hund auf den Arm. Er hat sich stocksteif gemacht.

„Apropos Badezimmer. Hoffentlich bist du in drei Stunden fertig.“ Maxi grinst. „Ich gehe heute Nachmittag nämlich zum Tanzen und muss mich vorher noch schminken.“

„Ich kann nicht versprechen, dass dein Tanzpartner nicht das eine oder andere Hundehaar auf seiner Schulter wiederfindet“, kichert Klara und verschwindet mit Zaster im Badezimmer im ersten Stock.

Doch da wird sie schlagartig ernst. Denn aus Erfahrung weiß sie, dass ein erbitterter Kampf vor ihr liegt. Seit Zaster einmal im Reitstall in ein Wasserbecken gefallen ist und Krümel ihn erst in letzter Sekunde vor dem Ertrinken gerettet hat, ist er entsetzlich wasserscheu.

Und tatsächlich – eine Viertelstunde später ist Klara von oben bis unten durchnässt. Sie hat Zaster in die Dusche gestellt. Während sie mit einer Hand versuchte, ihren Hund zu bändigen, musste sie mit der anderen die Dusche aufdrehen und gleichzeitig den Duschkopf halten. Dabei hat sie den Wasserstrahl aus Versehen auf sich selbst gerichtet und nicht auf Zaster. Was dieser wiederum ausgenutzt hat, um sich aus seiner misslichen Lage zu befreien.

Nun startet Klara den nächsten Versuch. Da sie sowieso schon klitschnass ist, klemmt sie sich den Hund zwischen die Beine, während sie die Dusche anstellt. Zwei Minuten später ist Zaster abgeduscht. Er hat sich in sein Schicksal ergeben und steht mit hängendem Schwanz und hängenden Ohren in der Dusche. Die Rippen stechen unter seinem nassen Fell hervor. Seine Schnauze zeigt auf den Fußboden und in seinem Blick liegt alles Leid dieser Welt. Unwillkürlich muss Klara an Krümel denken. Mit genau diesem Blick hat er sie gestern verabschiedet. Nach dem Fußballspiel ist ihr Pony wieder ganz plötzlich in seine Gleichgültigkeit zurückgefallen – ohne erkennbaren Grund.

Gedankenverloren seift sie Zaster ein, als es passiert. Der Terrier muss gemerkt haben, dass sein Frauchen abgelenkt ist. Und aus dem traurigen Häuflein Elend wird in null Komma nichts ein weiß-braun gefleckter Blitz, der schwungvoll über die Badezimmerfliesen zur Tür schlittert, auf dem Teppichboden im Flur Halt findet und mit Riesensätzen das Weite sucht.

„Zaster, bei Fuß!“ Klara brüllt sich die Kehle aus dem Leib. Doch ihr Hund denkt gar nicht daran, auf sie zu hören. Über und über mit Shampoo bedeckt, rast er die Treppe hinunter und ins Wohnzimmer. Klara folgt ihm, so schnell sie kann. Fast wäre sie auf den Holzstufen ausgerutscht, denn Zaster hat eine breite Spur von Wasser und Seife hinterlassen.

Als Klara im Wohnzimmer angelangt ist, schaut sie sich nach allen Seiten um. Von ihrem Hund ist nichts mehr zu sehen. Seufzend beugt sie sich über die nassen Pfotenabdrücke. Sie kommt sich vor wie ein Indianer auf Fährtensuche. Zasters Spuren führen über den Teppich und über die Couch. Dort liegt ein aufgeschlagenes Buch mit einer CD-Hülle daneben. Wassertropfen und kleine Schaumberge zieren die Seiten und die CD. Zaster muss sich darauf gewälzt haben. Klara beißt sich auf die Lippen. Onkel Rosis Meditations-Dingsbums.

Egal, sie hat jetzt keine Zeit, sich darum zu kümmern. Weiter geht es – immer Zasters Spuren nach. Und die führen zum Klavier. Klara greift sich an den Kopf. Darauf hätte sie schon eher kommen können. Immer wenn Zaster etwas angestellt hat, versteckt er sich zwischen dem Klavier und dem Zeitungsständer.

Einen Augenblick später hat Klara ihren Hund hervorgezerrt und ist mit ihm unterwegs zum Badezimmer. Sie ist zu allem entschlossen.

Und trägt im vierten Anlauf endlich den Sieg davon.

Als sie Zaster gerade abtrocknet, geht Onkel Rosi pfeifend im Flur vorbei. Seine Schritte entfernen sich in Richtung Treppe. Plötzlich fällt Klara etwas ein. „Vorsicht, Onkel Rosi! Die Stufen sind nass!“, will sie rufen, als auch schon ein Poltern ertönt. Kurz darauf hört sie ein Fluchen.

„Kann mir denn niemand in diesem verdammten Haus sagen, dass die Stufen nass sind?“, keift Onkel Rosi.

Klara und Zaster blinzeln vorsichtig um die Ecke.

Onkel Rosi steht am Fuß der Treppe und reibt sich den Allerwertesten. Zornig humpelt er ins Wohnzimmer.

Zaster spitzt die Ohren.

Klara hätte sich ihre am liebsten zugehalten.

Denn der Wutschrei lässt tatsächlich nicht lange auf sich warten.

Onkel Rosis Buch wird nie wieder Energie und Kraft spenden. Wasser und Seife haben ihr Werk getan und die Seiten zerstört.

Geistesgegenwärtig drängt Klara ihren Hund mit einem Fuß ins Bad zurück, während sie hastig den Schlüssel im Schloss umdreht. Dann dreht sie den Hahn der Badewanne auf und streift ihre nassen Sachen ab.

Als sie Zasters verdutzten Blick bemerkt, lacht sie. „Glaubst du etwa, ich setze dich Onkel Rosis Zorn aus?“, fragt sie. „Soll Maxi sich doch woanders schminken.“

Zaster kläfft einmal zustimmend und macht es sich auf dem Wannenvorleger bequem. „Mir recht!“, scheint er zu denken. „Solange es nur Frauchen ist, das badet.“

Das Glücksmuttermal

Als es am nächsten Tag zum Schulschluss klingelt, rennt Klara in Windeseile mit Anna auf den Schulhof. Dort warten schon Lou und Tim an den Fahrrädern.

Hintereinander fahren sie durch den kleinen Ort. An der Bushaltestelle biegen sie in den Feldweg durch die Wiesen ein. Entlang des Weges breiten sich die Stoppelfelder aus. „Ob wir es schaffen, noch einmal mit unseren Ponys über die Felder zu galoppieren, ehe sie umgepflügt werden?“, fragt Tim und sieht sich nach den anderen um.

„Na klar!“, behauptet Lou. „Wozu sind Stoppelfelder sonst da?“

Sie fahren geradeaus weiter durch den Wald in Richtung Reitstall. Das Laub hat sich schon bunt verfärbt.

„Schau mal, Klara!“, ruft Anna von hinten. Sie deutet auf die Ponykoppel, die rechts hinter dem Waldrand auftaucht. „Hexe ist das erste Mal mit der Herde auf der Koppel!“

Tatsächlich, die zierliche schwarze Stute grast an Krümels Seite. Tim sieht es auch. „Dein Krümel scheint einen Narren an ihr gefressen zu haben. Pass nur auf, dass ihm nichts passiert“, ruft er über die Schulter zurück. „Bei dem Umgang!“

Klara zieht zornig die Augenbrauen zusammen. Doch da kommt Anna ihr zuvor. Mit wütenden Pedaltritten überholt sie ihre Freundin und schließt zu Tim auf.

„Idiot!“, hört Klara sie zischen. „Weißt du denn nicht, wie viel Sorgen sie sich um Krümel macht? Gestern beim Fußballspiel hat er sich zum ersten Mal wieder normal verhalten.“

Tim will etwas erwidern, doch da erreichen sie bereits die Toreinfahrt des Reiterhofes. Herr Wedel hebt grüßend die Hand.

Klara schluckt ihren Ärger über Tim herunter. „Melden uns zum Dienst!“, ruft sie lachend und bremst vor ihm ab.

Hanna sitzt auf der Bank vor dem Ponystall und lässt sich die Septembersonne ins Gesicht scheinen. Ihren Fuß hat sie hochgelegt. Neben ihr hockt ihre Freundin Katharina, die manchmal im Stall aushilft. Vor den beiden steht eine Kanne mit Tee, eine große Schüssel Kartoffelsalat, ein Teller mit Würstchen und eine Familienpackung Kekse.

„Na, Hanna, genießt du deine Krankheit?", erkundigt sich Anna. Es klingt etwas spitz.

„Nein, Anna", sagt die Reitlehrerin lachend. „Das ist für euch gedacht. Wenn ihr schon für mich schuftet, sollt ihr wenigstens versorgt werden."

Mit großem Geschrei stürzen sich die Freunde auf das Essen.

Hanna blickt nachdenklich in die Runde, während die vier es sich schmecken lassen. „Ihr wisst, wie gerührt ich von eurem Einsatz bin", beginnt sie. „Deswegen traue ich mich kaum, euch um einen weiteren Gefallen zu bitten." Sie macht eine Pause. „Genauer gesagt, einen von euch."

„Was gibt's?", fragt Tim mit vollem Mund.

„Hätte jemand Lust, sich um Hexe zu kümmern?", fragt Hanna. Sie winkt ab, als sie in vier entsetzte Gesichter blickt. „Keine Angst, ihr sollt nichts Gefährliches tun. Aber ihr müsst zugeben, dass die Stute einen schlechten Start hier auf dem Hof hatte. Ich möchte, dass sie sich ein bisschen eingewöhnt. Sie braucht jemanden, der mit ihr redet, sie streichelt und sie putzt. Wenn das klappt, kann man sie vielleicht auch auf dem Hof herumführen, um ihr zu zeigen, dass ihr nichts passiert." Sie mustert die vier Freunde nacheinander. „Es müsste jemand sein, der ihr vertraut und dem sie vertrauen kann." Ihr Blick bleibt auf Tim liegen. „Wie wäre es mit dir, Tim?"

Klara staunt Bauklötze. Ausgerechnet Tim? Insgeheim hat sie gedacht, dass Hanna sie bitten wird. Schließlich war sie es, die Hexe schon einmal eingefangen hat. Sie senkt den Kopf. Tim soll bloß nicht merken, dass sie eifersüchtig ist.

Aber da muss sie sich keine Sorgen machen. Denn Tim ist genauso verblüfft wie die anderen auch.

„Du meinst … also … ich?", stammelt er.

„Genau!", sagt Hanna ruhig. „Ich denke, du bist der Richtige. Traust du dich?"

Tim nickt zögerlich. Dann gibt er sich einen

Ruck. „Selbstverständlich traue ich mich!“, sagt er. „Was für eine Frage! Du wirst sehen, in ein, zwei Tagen ist Hexe wie verwandelt. Man sagt mir in so etwas Zauberkräfte nach.“

Anna und Lou kichern. Tims Stimme hört sich nicht halb so mutig an wie seine Worte. Aber ihr Freund achtet nicht auf sie. Stattdessen nimmt er noch eine letzte Gabel voll Kartoffelsalat, schluckt hastig herunter und wischt sich den Mund ab. Dann springt er auf und greift nach der Tüte mit Äpfeln, die er mitgebracht hat. Eine Minute später ist er in Richtung Ponykoppel verschwunden.

„Wie bist du ausgerechnet auf ihn gekommen?“, erkundigt sich Katharina. Klara ist froh, dass sie es ist, die gefragt hat.

Hanna lacht leise. „Wollen wir doch mal sehen, ob wir unseren Tim auf diese Weise nicht von seinem Aberglauben kurieren können. Und uns gleich mit dazu.“ Sie wendet sich an die Mädchen. „Was meint ihr?“

Anna, Klara und Lou geht ein Licht auf. „Na klar“, rufen sie wie aus einem Mund. „Schließlich hat er ja das Glücksmuttermal!“

Kummerkrümel

„Klara, darf ich Stella putzen?"

„Klara, ich muss aufs Klo!"

„Klara, kann ich als Erste aufs Pferd?"

Klara weiß nicht mehr, wo ihr der Kopf steht. Wieso hat sie sich ausgerechnet dafür gemeldet, beim Voltigieren zu helfen?

Seit die kleinen Turnkinder auf dem Hof eingetrudelt sind, ist es, als sei die Hölle losgebrochen. Sieben Kinder im Alter von vier bis sechs Jahren stehen in der Stallgasse und machen Lärm wie siebzig.

Ob Klara als Kind wohl auch so schrecklich war? In Gedanken schickt sie Paps eine dicke Entschuldigung. Aber der hat wenigstens auf Klara aufgepasst. Ganz im Gegensatz zu den Eltern von diesen unerzogenen Gören, die draußen auf dem Hof stehen und sich in aller Seelenruhe unterhalten.

„Vorsicht, Marleen!", schimpft Klara. „Nie von

hinten an ein Pferd herangehen. Es könnte ausschlagen und dich treffen."

Gleichzeitig zieht sie Max von Stellas Schnauze weg. Der Vierjährige hat sich mit Zaster vor die Schimmelstute gesetzt und füttert abwechselnd Pferd und Hund mit Hustenbonbons.

„Max, die Stella und der Zaster haben doch gar keinen Husten!", erklärt Klara genervt.

Max schaut sie mit großen Augen an. „Bonbons schmecken gut!", versichert er.

Klara setzt den Kleinen gerade auf einem Strohballen ab, als sie Lous Stimme von hinten hört. „Bitte lass mich durch!", sagt sie mit strenger Stimme. „Ich muss Heu füttern."

Klara streicht sich die Haare aus der Stirn. „Kannst du das nicht später machen, wenn wir in der Halle sind?" Sie hebt den Voltigiergurt vom Boden auf und legt ihn Stella um den Bauch.

„Nein", erwidert Lou bestimmt. „Wenn die Ponys von der Koppel kommen, soll alles fertig sein."

Klara schüttelt Marleen ab, die sich an ihr Bein gehängt hat. Ihr reicht es.

Mit gefährlich ruhiger Stimme sagt sie: „Alle mal herhören! Wir spielen jetzt was ganz Tolles: Ihr seid Fohlen. Der Hof ist eure Weide. Ihr habt euch zu weit von euren Müttern entfernt. Schnell – galoppiert zu ihnen zurück!“ Lachend gehorchen die Kinder und laufen wiehernd davon. Zaster jagt ihnen bellend hinterher.

Dann wendet sich Klara an Lou. „Und du wartest gefälligst mit dem Füttern, bis ich weg bin! Ich brauche noch drei Minuten. So viel Zeit wirst du wohl übrig haben!“ Die letzten Sätze hat sie richtig gefaucht.

Empört lässt Lou die Heugabel fallen und folgt den Kindern in den Hof.

Klara seufzt und zieht den Voltigiergurt fest. Nun hat sie auch noch Lou verärgert. Das wollte sie doch gar nicht. Am Wochenende ging alles viel leichter. Herr Wedel hatte Zeit, ihnen unter die Arme zu greifen und alles klappte wie am Schnürchen. Heute müssen sie mit allem allein klarkommen.

Klara will Stella gerade in die Halle bringen, da läuft Tim im Eilschritt die Auffahrt herauf. Er ist hochrot im Gesicht und sieht wütend aus.

„Ist etwas mit Hexe schiefgelaufen?“, fragt Hanna.

„Nein, keine Sorge!“, sagt Tim. „Ich weiß gar nicht, was das Problem mit ihr sein soll. Als ich ihr einen Apfel gegeben habe, hat sie mir die Hand abgeleckt. Ich durfte sie sogar streicheln. Überall, am Hals und am Bauch und am Rücken. Ihr Fell ist ganz seidig und glatt.“ Er gerät richtig ins Schwärmen. Hanna grinst.

„Aber warum siehst du dann so wütend aus?“, erkundigt sich Klara.

„Das kann ich dir sagen.“ Tim zeigt auf seinen Arm. „Dein Krümel ist durchgedreht. Er hat mich gebissen!“

Klara sieht ihn entsetzt an. „Krümel weiß gar nicht, was Beißen ist!“, sagt sie.

„Weiß er wohl!“ Tim wird richtig sauer. „Hier, schau mal!“ Er krempelt seinen Ärmel hoch. Klara kann keine Bissspuren entdecken. Allerhöchstens eine winzige Rötung. Aber die könnte sonst woher kommen.

„Krümel würde nie im Leben beißen", beharrt sie. „Wer das behauptet, ist ein ganz gemeiner Lügner!"

„Ach ja?", fragt Tim. Er hat seine Stimme erhoben. „Woher willst du denn das so genau wissen? Du warst ja gar nicht dabei!" Er wendet sich an Hanna. „Ich bin nicht mal in Krümels Nähe gekommen. Er hat sich von hinten angeschlichen und einfach zugebissen."

Klara schießen die Tränen in die Augen. Sie glaubt Tim kein Wort.

Doch dann muss sie daran denken, wie dicht Hexe auf der Koppel bei Krümel gestanden hat. Und ihr fallen wieder Tims Worte ein. „Pass nur auf, dass Krümel nichts passiert ..."

„Ich hab es satt!", bricht es aus Klara heraus. „Seit die blöde Hexe hier angekommen ist, geht alles drunter und drüber. Ich will, dass es im Reitclub wieder so ist wie vorher!"

„Nur weil dein Pony beißt, gibst du Hexe die Schuld?" Tim klingt entrüstet.

„Ach, das musst du gerade sagen!" Klara stemmt

die Hände in die Hüften. „Wer war es denn, der behauptet hat, dass Hexe Unglück bringt? Und ausnahmsweise hattest du mal recht. Das kann nämlich kein Zufall mehr sein. Denkt doch nur an die Longe gestern. Oder die Boxentür!"

Hanna schaut von einem zum anderen. „Klara!", sagt sie ärgerlich. „Schluss damit." Sie stemmt sich hoch und humpelt auf das Mädchen zu. „Ein Pferd kann kein Unglück bringen. Es kann Angst haben, es kann bekümmert sein, es kann sich bedrängt fühlen." Sie macht eine Pause und holt tief Luft. „Aber Unglück bringen kann es nicht." Sie sieht Klara an. „Eigentlich hätte ich gerade von dir erwartet, dass du ein bisschen mehr Vernunft an den Tag legst. Wo bleibt denn dein Pferdeverstand?"

Klara zuckt kläglich mit den Schultern. Sie kann jetzt nicht sprechen, sonst fängt sie an zu weinen.

Hanna legt ihr einen Arm auf die Schultern. „Ich kann mir vorstellen, wie dir zumute ist", sagte sie beruhigend. „Wir alle wissen, dass Krümel im Moment nicht ganz in Ordnung ist. Und wir wissen auch, dass er normalerweise nicht beißt. Vielleicht hat ihn eine verspätete Bremse geärgert und er hat aus Versehen Tim erwischt? Am besten bringst du erst einmal Stella in die Bahn und hilfst Katharina bei der Voltigierstunde." Dann blickt sie zu Tim. „Und du bleibst hier bei mir. Gleich soll der Futterwagen kommen, da brauche ich deine Hilfe. Oder ist der Biss so schlimm?"

Tim schüttelt den Kopf. „Nein, Krümel hat mich eigentlich nur gezwickt", gibt er zu.

Klara hört die letzten Worte wie durch einen Schleier. Sie möchte nur noch weg. Wie kann Hanna so ungerecht sein? Erst ist es Tim, der die Sache mit Hexe aufgebracht hat. Und nun bekommt sie den Rüffel? Am schlimmsten aber ist, dass Hanna Tim glaubt. Sie denkt tatsächlich, dass Krümel zugebissen hat.

Klara greift grob nach Stellas Zügel. Die Stute zuckt verwundert zusammen, aber Klara achtet nicht auf sie.

Am liebsten würde sie umkehren und ihr Pony aus dem Bannkreis dieser Hexe befreien. Aber da kommt schon Katharina um die Ecke gebogen. Die Studentin gibt die Voltigierstunde.

„Gut, dass ich dich habe“, stöhnt sie und legt Klara den Arm um die Schulter. „Allein würde ich mit den Kleinen nie klarkommen.“

Sie stellt sich mit der langen Longierleine in der Mitte der Halle auf und lässt Stella in einem Kreis um sich herumgehen. Die Kinder dürfen eins nach dem anderen auf das Pferd und Turnübungen machen.

Klara treibt die Kinder in eine Hallenecke und kümmert sich darum, dass die richtige Reihenfolge eingehalten wird. Doch sie ist nicht bei der Sache. Als sie Max gerade auf Stella setzen will, fällt ihr plötzlich ein, dass eigentlich Marleen an der Reihe gewesen wäre. Das Mädchen bricht prompt in Tränen aus. Heulend rennt sie zu ihrer Mutter, um sich zu beschweren.

Klara ist elend zumute. Am liebsten würde sie mitweinen. Katharina wirft ihr einen langen Blick zu. Dann gibt sie Klara einen Wink. „Ich schaffe es die nächste halbe Stunde ganz gut ohne dich“, flüstert sie ihr zu. „Sollen doch mal die vornehmen Mütter hier mithelfen. Du musst nur wiederkommen, wenn die Stunde vorbei ist.“

Klara bringt ein Lächeln zustande und ist in Windeseile auf dem Hof. Dort begegnen ihr Lou und Tim. Sie wollen etwas zu ihr sagen, aber Klara hält nicht an.

Im Ponystall schauen ihr dicke Ponyköpfe erwartungsvoll entgegen. Die anderen haben in der Zwischenzeit die Tiere von der Koppel geholt. In Sekundenschnelle ist Klara an der letzten Box, schiebt den Riegel zurück und schließt Krümel in die Arme. Er schnaubt erschrocken, als sie in Tränen ausbricht.

Erst sehr viel später wischt sie sich die Tränen ab. „Was bin ich doch für eine Heulsuse!“, sagt sie leise. Dann zaust sie Krümel an den Ohren. „Wenn du bloß reden könntest!“, wünscht sie sich. „Dann würdest du mir erzählen, was diese Hexe mit dir gemacht hat.“ Krümel hebt den Kopf und öffnet das Maul ein klein wenig.

Aber reden tut er leider nicht.

Er pustet ihr nur tröstend ins Gesicht.

Bernd, das Brot

Es ist schon dunkel in Klaras Zimmer, als Paps noch einmal zu ihr hineinschaut.

„Jemine!“, sagt er mit leiser Stimme. „Wenn mich nicht alles täuscht, haben wir hier eine Kummerklara.“ Er setzt sich zu ihr an den Bettrand. „Nun mal raus mit der Sprache. Was ist denn passiert?“

Klara schluckt und schluckt, und dann bricht die ganze Geschichte aus ihr heraus. Sie erzählt von Krümels seltsamem Benehmen. Von dem dummen Streit mit Tim. Von Hexe und dem Unglück, das sie über den Stall bringt. Von Hannas Rüffel. Davon, dass sie sich noch nicht einmal von Anna verabschiedet hat, als sie vom Reiterhof nach Hause gegangen ist. Dabei kann ihre beste Freundin doch nun wirklich nichts für den ganzen Schlamassel.

Paps hört sich alles schweigend an. Dann seufzt er. „Klara, hab ich dir schon die Geschichte erzählt, wie deine Mutter und ich uns kennengelernt haben?“ Klara lacht unter Tränen. Die Geschichte hat sie schon tausendmal gehört. Paps erzählt sie immer, wenn es Klara schlecht geht. Und er erzählt sie jedes Mal ein wenig anders. Irgendwie schafft er es, dass sie sich danach immer besser fühlt. Es ist dann fast ein wenig so, als ob er ihre Mutter mit zu ihnen ins Zimmer holt. Klaras Mutter ist bei einem Unfall ums Leben gekommen, als Klara noch ganz klein war.

„Es muss Mai oder Juni gewesen sein“, beginnt Paps und kuschelt sich zu Klara ins Bett. „Die Tulpen blühten im Bremer Bürgerpark, als ich auf der Suche nach einer neuen Wohngemeinschaft war. Eine der Wohnungen, die ich mir anschaute, hatte sehr hohe Decken und ungewöhnlich große Fenster. Das Erste, was mir auffiel, waren die Vorhänge, die aus lauter bunten Stofffetzen zusammengenäht waren. Das Zweite war deine Mutter, die ein Kleid trug, das ganz ähnlich wie die Vorhänge aussah."

Klara kichert. Diesen Teil der Geschichte kannte sie noch nicht.

„Ich verliebte mich auf der Stelle in sie. Und sie behauptete später immer, dass sie sich sofort in mich verliebt hätte." Klara spürt im Dunkeln, wie Paps lächelt. „Damals sah ich natürlich noch viel knackiger aus. Kein Wunder, dass sie hin und weg war."

„Paps!", mahnt Klara.

„Schon gut", sagt ihr Vater hastig. „Noch gab es da ja ein Problem, das zwischen unserem Glück stand. Ein Problem namens Bernd." Er seufzt. „Bernd war …"

„… dumm wie Brot!", ergänzt Klara kichernd.

„Ganz recht", sagt Paps. „Zugegebenermaßen ganz gut aussehend, aber dumm wie Brot. Ich habe nie verstanden, wie deine Mutter mit ihm zusammen sein konnte." Er macht eine Pause, ehe er fortfährt. „Vom ersten Tag an stritt ich mit Bernd. Die ganze Zeit. Von morgens bis abends. Wegen diesem und jenem. Dazwischen ließ ich immer wieder den Kopf hängen und verfluchte mein Schicksal. Irgendwann – ich glaube, es war zwei Wochen später – hielt ich es nicht mehr aus. Ich habe einfach all meinen Mut zusammengenommen, bin zu deiner Mutter gegangen und habe ihr gesagt, dass ich sie liebe. Und siehe da, sie liebte mich auch."

Er seufzt.

„Erst bei unserer Hochzeit habe ich den Mut gefunden, mich bei Bernd zu entschuldigen. Nicht etwa dafür, dass ich ihm deine Mutter weggeschnappt hatte. Das hat Bernd nicht weiter gestört. Er hatte vier Tage später eine neue Freundin, die noch dümmer war als er. Wir hatten viel Spaß miteinander." Er lacht bei der Erinnerung. „Nein, ich habe mich bei Bernd dafür entschuldigt, dass ich damals ständig mit ihm gestritten habe. Ich habe ihm Sachen an den Kopf geworfen, die völlig belanglos und gemein waren. Aber ich konnte nicht anders – aus lauter Liebe zu deiner Mutter."

Er nimmt Klaras Gesicht in beide Hände. „Klara, wenn man sich streitet, hat das oftmals ganz seltsame Gründe. Man weiß hinterher gar nicht mehr, wie es dazu gekommen ist. Aber auf jeden Fall fühlt man sich erst dann besser, wenn man sich entschuldigt hat."

Klara macht ihren Kopf los.

„Ja, ja!", sagt sie hastig. Sie hat gar nicht mehr richtig auf Paps letzten Worte geachtet. Denn während seiner Geschichte ist ihr plötzlich eine Idee gekommen. Eine wundervolle, bahnbrechende, alles erklärende Idee.

Sie nimmt Paps fest in den Arm und drückt ihm einen Kuss auf die Stirn. „Du bist der allerweltenbeste Paps, den man sich nur wünschen kann!", sagt sie. „Auch wenn du es manchmal gar nicht weißt!"

Wem das Glück lacht

Klara pfeift, als sie am nächsten Morgen in die Küche kommt. Sie hat blendend geschlafen.

Sie weiß, was mit Krümel los ist. Sie weiß, wie sie die Sache mit Hexe aus der Welt schaffen kann. Und sie weiß, dass sie sich wieder mit ihren Freunden versöhnen wird.

Maxi und Onkel Rosi sitzen bereits am Frühstückstisch, als Klara sich zu ihnen setzt. Maxi hat einen Fragebogen in der einen Hand und köpft mit der anderen etwas umständlich ihr Ei. „Jetzt konzentrier dich doch bitte mal, Papa!“, ruft sie ärgerlich. „Du hast heute noch keine einzige Frage richtig beantwortet. Was ist denn nun mit deiner positiven Energie und deinem Unterbewusstsein?“

„Wie soll denn die Methode funktionieren, wenn mein Übungsbuch und die CD durch ein gewisses Tier mutwillig zerstört wurden?“ Onkel Rosi zischt die Worte nur so.

„Aber Onkel Robert Siegfried“, Klara wählt ihren artigsten Tonfall, „du brauchst doch kein Buch zum Üben!“ Sie legt ihren Kopf schief und nimmt sich ein Glas Orangensaft. „Du kannst das bestimmt auch so, oder?“

Rosi nickt selbstgefällig und lockert seine Krawatte. „Da könntest du allerdings recht haben“, wendet er ein. Dann strafft er sich und atmet einmal tief ein und wieder aus. Schließlich breitet er beide Arme weit aus, als wolle er die Welt umarmen. Er schließt die Augen und lächelt.

„Die nächste Frage!“, bittet er. Es klingt entrückt.

„Na gut“, brummt Maxi. Sie wendet sich flüsternd an ihre Cousine. „Er scheitert an den babyleichten Fragen – nicht an den schweren. Pass mal auf!“ Sie blättert in ihren Zetteln. „Welcher Gegenstand bringt angeblich Glück?“, fragt sie. „Eine Rose, ein Hufeisen, ein Föhn oder ein Fünf-Cent-Stück.“

Onkel Rosi reißt die Augen weit auf und legt die Stirn in Falten. „Jetzt gilt es, all meine gesammelte Energie auf einmal zu nutzen!“, ruft er. Er überlegt blitzschnell. „Der Föhn ist zu neuartig.

Die Rose und das Hufeisen – beides Symbole aus der Natur. Glück bringen sie nicht“, entscheidet er. „Die Lösung ist“ – er schaut triumphierend in die Runde – „das Fünf-Cent-Stück. Wie sagt man doch so schön: Wer den Cent nicht ehrt, ist des Glückes nicht wert.“

Paps kommt durch die Tür. Er kramt in seinen Hosentaschen. „Du hast recht, Bruderherz!“ Rosi sieht ihn mit großen Augen an. Es ist das erste Mal seit Tagen, dass Paps das Wort direkt an ihn gerichtet hat. „Und weil ich dir alles Glück dieser Welt wünsche“, Paps verneigt sich, „überreiche ich dir als Friedensangebot und kleine Entschuldigung dieses Fünf-Cent-Stück.“ Er hält die kupferfarbene Münze in die Höhe. „Möge der Bessere gewinnen!“

Rosi strahlt. „Ich nehme dein Angebot an, Bruder!“, verkündet er würdevoll. „Und wenn ich erst mal mein Gewächshaus habe, werde ich jeden Tag frische Blumen fürs Haus mitbringen.“

Klara wirft Maxi einen Blick zu und gemeinsam schießen sie in die Höhe. „Die Schule ruft!“, keuchen sie hastig und sind in Windeseile aus der Tür. Erst als sie die Haustür hinter sich geschlossen haben, können sie sich nicht mehr halten.

„Versprich mir eins“, japst Klara, als sie sich von ihrem Lachanfall erholt hat. „Lass uns nie wieder auf den Seiten von irgendwelchen Fernsehsendern surfen, einverstanden?“

Maxi nickt. Auch sie hat Lachtränen in den Augen. „Mein heiliges Ehrenwort“, keucht sie. „Das ich halten werde, bis Fünf-Cent-Stücke tatsächlich Glück bringen.“

Klara nickt. „Und Hufeisen Unglück.“

Sie muss immer noch lachen, als sie in der Schule ankommt. Anna sieht sie verblüfft von der Seite an. Klara zieht sie hinter das Schulhofmäuerchen und entschuldigt sich bei ihr für ihr Benehmen von gestern. Aber den Grund für ihre gute Laune verrät sie nicht. Erst will sie den Beweis haben, dass sie mit ihrer Theorie über Krümel recht hat.

Nachmittags kann sie es kaum erwarten, in den Stall zu kommen. Als sie mit den Hausaufgaben fertig ist, schwingt sie sich auf ihr Fahrrad und radelt im Eiltempo zum Reitclub Cavallo.

Ausgerechnet heute hat einer der ersten Herbststürme Norddeutschland erreicht. Ein heftiger Gegenwind wirbelt Blätter und Äste auf und zerrt an Klaras Haaren und ihrer Jacke. Es kommt ihr wie Stunden vor, bis sie endlich die Ponykoppel erreicht. Doch die Weide ist bereits fast leer. Nur Bastello und Stella warten noch am Zaun. Klara radelt die letzten Meter bis zum Hof. Tim steht im Torbogen und blickt ihr sorgenvoll entgegen.

„Klara!“, ruft er. „Komm schnell! Krümel ist beim Reinholen ausgebüxt. Er ist spurlos verschwunden.“

Klara stellt ihr Fahrrad ab. „So, so. Er ist also ausgebüxt“, sagt sie und mustert Tim amüsiert. „Wie konnte denn das passieren?“

Lou biegt um die Ecke. „Ich habe die Ponys eines nach dem anderen reingeholt. Dann war Krümel an der Reihe. Kaum hatte ich das Koppeltor einen Spaltbreit aufgemacht, stemmte er sich dagegen. Einen Moment später war er auf und davon. Ich konnte das Tor gerade noch schließen, sonst wären Bastello und Stella auch abgehauen."

„Er ist weder in den Stall gelaufen noch zurück auf die Ponykoppel", sagt Tim. Er sieht sie bittend an. „Klara, wegen gestern, das tut mir leid! Ich wusste ja nicht … Hanna hat es mir dann erklärt …"

„Schon in Ordnung!" Klara lächelt ihre Freunde an. „Ich war auch ganz schön ungerecht. Aber wegen Krümel würde ich vorschlagen, dass ihr euch erst mal beruhigt."

„Wie kannst du nur so gefühllos sein?", ruft Lou. „Dein Pony ist ausgebrochen und könnte sich gerade sonst was tun!"

„Lou, wen hast du reingeholt, ehe Krümel an der Reihe war?", fragt Klara.

Lou sieht sie verdutzt an. „Hexe. Wieso?"

„Hab ich es mir doch gedacht." Fast hätte sie

laut gejubelt. Ihre Theorie stimmt. Sie muss stimmen, sonst weiß sie einfach nicht weiter.

In Windeseile stürmt sie über den Hof, die Freunde dicht hinter ihr. Lou übersieht in ihrer Eile Katharina, die ihnen entgegengeschlendert kommt. Die Studentin fängt das Mädchen mit beiden Händen auf, ehe es zum Sturz kommt.

„Langsam, langsam!“, ruft sie.

„Krümel ist ausgebrochen“, stößt Lou atemlos hervor. „Wir müssen ihn finden, ehe ihm etwas passiert!“

Katharina stemmt beide Hände in die Seiten. „Krümel? Etwas passieren?“ Sie grinst über beide Ohren. „Das widerspricht sich, wenn du mich fragst.“

Klara hält im Laufen inne. „Hast du ihn gesehen?“, fragt sie.

Katharina lacht noch mehr. „Keine Angst, Leute“, sagt sie. „Krümel geht es gut. Und dort, wo er ist, wird er garantiert nicht wieder weglaufen." Sie deutet auf die Futterscheune.

Hab ich doch recht gehabt, schießt es Klara durch den Kopf. Sie läuft an Katharina vorbei.

Außer Atem bleibt sie vor den Abfohlboxen stehen.

Und jetzt weiß sogar Tim, was Katharina gemeint hat. Denn Krümel ist diesmal ausnahmsweise nicht nur ausgebrochen. Sondern auch noch eingebrochen.

Und zwar in Hexes Box.

„Du hattest die ganze Zeit recht, Tim", sagt Klara leise. „Unser neues Pony kann wirklich zaubern." Sie macht eine Pause. „Krümel wenigstens hat sie gründlich verhext!"

Sie schaut auf ihren Wallach, der in der Box neben der Rappstute steht. Er hat seinen Kopf zärtlich auf ihren Hals gelegt und knabbert am Mähnenkamm der Stute. Hexe hat die Augen halb geschlossen und sieht ungeheuer zufrieden aus. Keine Spur mehr von dem Wildfang, der fast den Hof auf den Kopf gestellt hätte.

Und Krümel?

Krümel schwebt im siebten Pferdehimmel.

Ponys auf Wolke sieben

„Ist das nicht ein Bild?“ Klara lehnt an der Box und schaut schmunzelnd zu, wie ihr Pony vor Behagen grunzt.

Tim macht große Augen. „Ich verstehe nur Bahnhof. Was ist mit Krümel passiert?“

„Er ist verliebt.“ Klara wendet sich ihren Freunden zu.

Anna kommt um die Ecke gebogen.

„Krümel ist übrigens verliebt!“, informiert Tim sie vorsorglich von den Neuigkeiten.

„Aha.“ Anna guckt verblüfft von einem zum anderen. „Hab ich was verpasst?“

Klara grinst. „Eigentlich war es von Anfang an klar. Wenn ich mir nicht so felsenfest eingebildet hätte, dass Hexe Unglück bringt, wäre ich viel eher drauf gekommen.“ Sie seufzt. „Dabei war es genau umgekehrt. Schon vom allerersten Tag an hat Krümel Hexe in sein Herz geschlossen. Er hat sie getröstet, als sie sich zu ihm geflüchtet hat. Er hat ihr hinterhergewiehert, als Hanna sie weggebracht hat. Wenn sie in der Nähe war, ist er plötzlich ganz aufgeregt gewesen. Und all die übrige Zeit hat er nicht etwa unter dem Fellwechsel gelitten. Nein, er hatte Liebeskummer."

Lou legt die Stirn in Falten. „Das könnte stimmen", sagt sie verdutzt. „Erinnert ihr euch noch an das Fußballspiel? Da ist Krümel plötzlich aufgewacht. Weil Hexe zugeschaut hat!"

„Genau." Klara nickt. „Herr Wedel wollte sie eigentlich in die Halle führen. Doch dann ist er stehen geblieben, weil er neugierig auf das Spiel war. Und in dem Moment ist Krümel zu Hochform aufgelaufen."

Lou mustert die schwarze Stute. „Aber was ist mit den anderen Unglücksfällen?"

Anna stöhnt auf. „Muss ich euch das schon wieder erklären? Eine Pechsträhne. Kommt auf den besten Reiterhöfen vor."

Tim sieht noch nicht überzeugt aus. „Denk mal an Krümels Biss gestern auf der Koppel! Das passt nicht in deine Theorie."

Klara schaut ihn an und wird ein bisschen rot.

„Ganz im Gegenteil. Eigentlich bin ich es nämlich, die sich bei dir entschuldigen muss", sagt sie. „Ich glaube dir inzwischen, dass Krümel dich ein bisschen gezwickt hat. Aber er hat es nicht böse gemeint. Er war eifersüchtig."

Tim starrt sie mit großen Augen an. „Auf mich?", fragt er verdutzt.

„Ja, auf dich." Klara zeigt auf das Pferdepaar. „Warst du zufällig gerade bei Hexe, als Krümel von hinten kam?"

Tim nickt.

„Siehst du? Mein Vater hat gesagt, wenn man eifersüchtig ist, streitet man sich aus völlig belanglosen Gründen. Und Krümel hat das eben auf seine Weise getan."

Tim lacht. „Na, wenn das so ist!" Er streicht sich über seinen blonden Schopf. „Keine Sorge, Dicker!", sagt er. „Gegen deine lange schwarze Mähne und gut bemuskelte Hinterhand komme ich sowieso nicht an. Oder siehst du etwa, dass Hexe mich auch nur eines Blickes würdigt?"

Klara kichert.

Hanna, die während Klaras Vortrag hinter den Freunden aufgetaucht ist, bekommt den Mund vor Staunen nicht mehr zu. Ein ums andere Mal schüttelt sie den Kopf. „So etwas habe ich ja noch nie gehört", sagt sie und mustert die Ponys von oben bis unten. „Aber du hast recht, Klara. Eine andere Erklärung fällt mir auch nicht ein."

Sie macht einen Schritt auf die Abfohlbox zu. Sofort stellt sich Krümel schützend vor die Stute.

„Entschuldigt bitte", Hanna lacht, „ich will das junge Glück ja nicht stören. Aber Herr Wedel hat die Box im Ponystall repariert." Sie überlegt. „Allerdings fürchte ich, dass Bastello umziehen muss. Wenn wir Hexe nicht neben Krümel stellen, haben wir noch ein Eifersuchtsdrama im Ponystall. Und wer kann das schon verantworten?"

Klara kichert. Dann klatscht sie in die Hände. „Okay, Leute, dann lasst uns die beiden mal nach drüben verfrachten."

Sie geht zu Krümel und umarmt ihr Pony fest. Sie ist so froh, dass es eine Erklärung für sein seltsames Verhalten gibt!

Plötzlich spürt sie ein kurzes Ziepen am Arm. Sie fährt herum und sieht in das gebleckte Gebiss von Hexe.

Tim lehnt sich über die Boxenwand und grinst von einem Ohr zum anderen. „Siehst du, Klara“, sagt er. „So fühlt es sich an, wenn ein Pony angeblich nie im Leben beißt.“

Und Klara verzichtet ausnahmsweise auf eine Erwiderung.

Einer für alle ...

Wenig später haben sie die Ponys in ihre Boxen verfrachtet. Krümel und Hexe sind zwar ein wenig empört, dass zwischen ihnen nun eine Trennwand ist. Aber sie geht den Ponys glücklicherweise nur bis zum Bauch.

Die vier Freunde haben sich unterdessen Heugabeln geschnappt. „Achtung!“, ruft Tim vom Heuboden herab. „Heu im Tiefflug!“

Und schon hagelt es Heuballen aus der Klappe in der Decke.

Klara, Anna und Lou kichern, als sich der Staub gelegt hat. Sie sehen aus, als hätten sie stundenlang bei der Ernte geholfen. Halme hängen überall in ihren Kleidern und Haaren.

Tim kommt die Leiter herunter und wirft einen Blick auf Klara.

„Gestatten?“, fragt er höflich und streicht an ihrem Gesicht entlang.

„Was tust du da?“, kreischt Klara auf.

„Ich habe dich nur von einer Spinne befreit", erklärt Tim und deutet auf das winzige Tier, das an einem Spinnfaden an seiner Hand hängt. Er überlegt einen Moment. Dann fällt sein Blick auf Hexe. „Ich weiß einen guten Platz für dich", sagt er zufrieden zu der Spinne und setzt sie behutsam an Hexes Boxenrand ab. „Pass aber auf, dass sie dich nicht zu einem Zaubertrank verarbeitet. Obwohl", sagt er dann und mustert die Stute, „ich glaube, den braucht unsere Hexe gar nicht. Denn jetzt wissen wir ja, wie sie zaubert." Er lächelt versonnen.

Klara stößt Anna an. „Ich glaube, es hat nicht nur Krümel erwischt", flüstert sie kichernd. „Da ist noch jemand ganz anderes verzaubert."

Wenig später haben die Freunde das Futter in den Boxen verteilt und machen eine Verschnaufpause auf den übrig gebliebenen Heuballen.

Lou räuspert sich. „Sagt mal, habt ihr das auch gemerkt?", erkundigt sie sich. „Gemeinsam geht die Stallarbeit viel leichter, oder?"

„Du hast recht." Klara nickt erstaunt. „Eigentlich war unser Streit gestern völlig unnötig. Es wäre viel einfacher gewesen, wenn du mir zuerst mit den Kindern geholfen hättest, und ich dir danach beim Füttern."

Anna schaut in die Runde. „Dann machen wir es doch ab jetzt immer so!", schlägt sie vor. „Was steht als Nächstes auf dem Plan?"

„Kinderreitstunde." Klara zieht eine Grimasse. Dann rappelt sie sich hoch. „Hilft ja nichts", sagt sie seufzend. Anna und Lou haken sich bei ihr ein und machen sich auf in Richtung Hof. Tim folgt ihnen, nachdem er noch einen letzten Blick auf Krümel und Hexe geworfen hat, die Kopf an Kopf vor sich hindösen.

„Muss Liebe schön sein", seufzt er.

Klara lacht. „Wenn du zu viel davon hast ..." Sie deutet auf den Hof, wo gerade einige Siebenjährige aus dem Auto klettern. „An denen ist sie bestimmt nicht vergeudet."

Besser spät als nie

„Klara!“ Paps’ Stimme klingt verstört. „Hast du meinen Anzug gesehen?“ Klara streckt ihren Kopf aus der Tür. Im Flur steht Paps. Er trägt seinen gestreiften Morgenmantel, den er immer anhat, wenn er nicht weiterweiß. Er sieht an sich herunter. „Oder meinst du, ich könnte …“

„Nein, Paps“, sagt Klara streng. „Du kannst deinen Morgenmantel nicht anlassen!“ Sie seufzt. Manchmal kommt sie sich älter vor als ihr Vater. „Wo hast du deinen Anzug denn zuletzt gesehen?“, fragt sie.

„In der Wäsche?“, fragt ihr Vater unsicher. Er legt die Stirn in Falten. „Ja“, seine Stimme wird fester. „Ich habe ihn in den Korb gelegt, als ich vor drei Wochen von dieser Buchpräsentation kam.“ Er blickt Klara an, als wäre sie in der Lage, einen neuen Anzug aus dem Hut zu zaubern.

Sie schaut auf die Uhr. Kurz nach acht. In knapp zwei Stunden müssen sie in Hamburg im Studio sein. Dort sind Paps und Rosi erst einmal zu einem Test vor der Videokamera eingeladen. Wenn das klappt, übernachten sie alle in der Stadt. Und dann folgt am Samstag die Aufzeichnung der Quizshow. Sogar Onkel Rosi war einverstanden, Klara und Maxi eine Entschuldigung für die Schule zu schreiben.

Energisch geht Klara voran in Paps Zimmer und reißt seinen Kleiderschrank auf. Ein Kleidungsstück nach dem anderen fliegt auf das Bett. Endlich hat Klara das Richtige gefunden. „Die braune Cordhose und der blaue Rollkragenpulli“, sagt sie bestimmt. „Das unterstreicht den Künstler in dir.“

„Künstler?“ Paps schüttelt den Kopf. „Ich bin doch kein Künstler! Ich bin Journalist. Was sollen meine Kollegen denken?“

„Das, was sie immer denken. Dass du der liebenswerteste und chaotischste Journalist bist, den sie kennen.“ Klara drückt ihm einen Kuss auf die Wange.

Doch Paps jammert immer noch vor sich hin, als er eine Viertelstunde später in die Küche kommt. Onkel Rosi ist vor lauter Aufregung bereits um fünf aufgestanden, war um sechs schon mit dem Frühstück fertig und bereitet sich nun in seinem Zimmer auf den Auftritt vor der Kamera vor. „Ich werde noch ein wenig in mich gehen“, hat er seiner Tochter und Nichte erklärt. „Letzte positive Kräfte tanken.“

Klaras Vater tritt unschlüssig an den Frühstückstisch. Doch statt sich hinzusetzen, schiebt er nur die Marmelade, den Käse und den Aufschnitt hin und her. Schließlich nimmt er eine leere Milchflasche und verstaut sie ordentlich im Einkaufskorb. Zaster, der es sich dort trotz strengen Verbots bequem gemacht hat, kläfft empört auf.

„Entschuldige bitte, Zaster“, sagt Paps zerstreut.

Klara und Maxi wechseln einen Blick. So haben sie ihn ja noch nie erlebt! Statt mit Zaster zu schimpfen, entschuldigt er sich auch noch bei dem Terrier.

„Paps, du musst etwas essen!“, befiehlt Klara und zieht ihn zu seinem Stuhl.

Und Maxi schmiert ihm fürsorglich ein Brötchen. „Ich bin zwar auf der anderen Seite“, erklärt sie grinsend. „Aber wir wollen ja nicht, dass du schon vor dem Quiz in Ohnmacht fällst. Ohne Partner hat mein Papa schließlich auch keine Chance."

Es ist drei Minuten vor zehn, als die beiden Cousinen nebeneinander auf dem Rücksitz von Paps Wagen sitzen und sich verzweifelt wünschen, genauso wenig gefrühstückt zu haben wie Klaras Vater. Denn Paps steuert das Auto wie ein Wahnsinniger durch den Hamburger Berufsverkehr. Endlich biegt er mit quietschenden Reifen in das Parkhaus des Senders ein. Kurve um Kurve nimmt er mit Vollgas. Zaster sitzt zwischen den beiden Mädchen und wird abwechselnd gegen eine von ihnen geschleudert. „Findest du nicht auch, dass Zasters braune Flecken seltsam grün aussehen?", keucht Klara.

Maxi kann nicht antworten. Sie nickt nur.

Plötzlich gibt es einen Ruck und sie werden nach vorn geschleudert.

Paps hat einen Parkplatz gefunden. Die Türen knallen und schon sind sie unterwegs. Den Anfang macht Onkel Rosi, der mit wehenden Anzugschößen dem Aufzug entgegenstrebt. Danach kommt Paps, der fast über seinen Schal fällt, den er in der Eile nicht um den Hals, sondern um den Bauch gebunden hat. Das Schlusslicht bilden Maxi und Klara, die sich zu allem Überfluss noch in Zasters Leine verheddern.

In dem Zustand stolpern sie aus dem Aufzug direkt in die Eingangshalle des Senders. Der Mann am Empfangstresen schürzt die Lippen und mustert die Neuankömmlinge von oben bis unten. Dann seufzt er und hakt ihre Namen auf einer Liste ab.

„Zimmer 003“, sagt er gequält.

Die vier rennen weiter. Klara und Maxi haben inzwischen in ihrer Not einfach die Leine von Zaster ausgehängt. Der Hund jagt mit fliegenden Ohren hinter dem Trupp her. Sie erreichen Zimmer 003 und reißen die Tür auf.

In dem kleinen Raum stehen eine junge Frau und ihr noch viel jüngerer Assistent und beugen sich gemeinsam über ein Notizbuch. Die beiden schauen verblüfft hoch, als Paps, Rosi, Klara, Maxi und Zaster in den Raum stürmen.

Paps keucht. „Entschuldigen Sie die Verspätung“, japst er. „Aber mein Bruder hier wollte vor dem Casting noch in sich gehen, wie er das nennt. Dabei ist er eingeschlafen und wir konnten ihn nicht rechtzeitig wach bekommen.“

Rosi räuspert sich entrüstet. „Verehrte Dame“, spricht er die Frau an. „Erlauben Sie, dass wenigstens ich mich vorstelle.“ Er zieht seine Baseballkappe vom Kopf. Er hat auf der Kappe bestanden, weil er glaubt, dass er damit im Fernsehen jugendlicher aussieht. „Mein Name ist Robert Siegfried Fuchs. Das hier ist mein jüngerer Bruder, auch wenn ich mich wirklich für ihn schäme.“ Er weist auf Paps, der gerade den Irrtum mit dem Schal bemerkt hat und vergebens versucht, ihn möglichst unauffällig abzuknoten.

Rosi erhebt seine Stimme. „Und im Übrigen ist das mit dem Einschlafen gelogen. Ich habe nur ein wenig meditiert."

Paps hat es endlich geschafft. Der Schal sitzt dort, wo er hingehört. „Dabei musst du aber in eine Art Koma gefallen sein", erwidert er spöttisch und stemmt die Hände in die Hüften. „Ich musste dich ja rütteln, bevor du überhaupt nur ein Auge aufgemacht hast!"

Klara blickt von einem zum anderen und spürt, wie ihr das Blut ins Gesicht schießt. Wie peinlich sich ihre beiden Väter mal wieder benehmen!

Doch in dem Moment meldet sich die junge Frau vom Sender zu Wort. „Vielen Dank, meine Herren!", sagt sie lachend. „Das genügt vollkommen." Sie winkt ihrem Assistenten, der die Videokamera herunternimmt. Klara hat gar nicht bemerkt, dass er die ganze Szene gefilmt hat.

„Ich glaube, Sie brauchen sich keine Sorgen zu machen." Auch der Assistent grinst. „Ich kann Ihnen jetzt schon garantieren, dass Sie in der Show sind. Schließlich heißt die Sendung ja: *Die ungleichsten Paare Norddeutschlands.*"

Die Spiele sind eröffnet

„Jetzt kannst du doch erzählen, wie es bei der Quizshow war!“ Anna sieht Klara bittend an. „Wir erfahren sowieso gleich, wie es ausgeht.“

Klara winkt lachend ab. „Du sagst es. Dann könnt ihr euch den Moment auch noch gedulden.“

Maxi nickt. „Außerdem haben wir eine ganze lange Woche dichtgehalten. Denkt ihr, wir geben ausgerechnet jetzt auf?“

Gemeinsam mit Anna, Lou und Tim sitzen die Cousinen auf dem Wohnzimmerteppich der Cramers vor dem Fernseher. Annas Eltern haben die ganze Truppe eingeladen, damit sie zusammen das große Ereignis sehen können. Die Cramers und Lous Eltern haben es sich auf dem Sofa bequem gemacht. Vorsichtshalber wurden Paps und Rosi weit voneinander entfernt in zwei Sesseln platziert.

„Es geht los!“ Tim greift aufgeregt in die Chipstüte und deutet mit seinen fettigen Fingern auf den Fernseher. Dort flimmert das Logo des *Wilden Nordens* über den Bildschirm.

„Herzlich willkommen bei unserer großen Quizshow“, begrüßt der Moderator das Publikum. Er trägt einen hellgrünen Anzug und sein silbrig graues Haar ist in eine elegante Föhnwelle gelegt. „Kennen Sie die ungleichsten Paare Norddeutschlands?“, fragt er in die Kamera. „Wir schon!“, ruft er gleich darauf. „Und wir haben sie alle für Sie eingeladen.“

Die Kamera schwenkt zu einer Sitzreihe mit zehn Paaren. Jeder der Kandidaten trägt Kopfhörer.

„Oh!“, ruft Herr Cramer. „Wenn das mal nicht unser Düllenburg-Traumpaar ist. Er deutet auf den Fernseher. Auf dem Bild hockt Paps inmitten der anderen Spieler verschreckt auf seinem Stuhl und sieht aus wie Zaster kurz vor dem Baden.

Rosi daneben strahlt selbstbewusst in die Kamera. Er hat die Baseballkappe weit aus der Stirn geschoben. „Damit man etwas von meinem Gesicht erkennt“, erklärt er der Runde.

Paps verzieht schmerzhaft die Miene und macht Anstalten, die Flucht zu ergreifen. Lous Mutter zieht ihn sanft zurück. „Peter“, lacht sie. „Da musst du jetzt durch!“ Sie schenkt ihm noch ein Glas Rotwein ein. Paps trinkt es in einem Zug leer. „Das ist so albern!“, stöhnt er.

„Pscht.“ Anna legt den Finger auf den Mund.

Der Moderator erklärt gerade das Prinzip der Show. In der ersten Runde wird unter den zehn Paaren dasjenige ausgewählt, das um die 20 000 Euro spielen darf. „Und dann dürfen Sie sich freuen“, der Moderator hebt seine Stimme, „auf ein spannendes Wissensduell der ungleichsten Kandidaten Norddeutschlands!“

Er wendet sich wieder den zehn Paaren zu. „Aber jetzt erst einmal aufgepasst“, sagt er. „Wir stellen Ihnen einfache Fragen mit zwei unterschiedlichen Antwortmöglichkeiten. Sie müssen sich nur zwischen den beiden Möglichkeiten entscheiden.“ Er deutet auf die Knöpfe, die die Kandidaten vor sich haben. „Das Paar, das die niedrigste Übereinstimmung in den Antworten hat, darf zuerst zu mir kommen. Und um die 20 000 Euro spielen.“

Die Fragen werden eingeblendet. Die Kandidaten drücken hektisch auf die Knöpfe. Nach einer Minute ist jeder fertig. Unsicher schauen die Spieler hoch.

Der Moderator wartet, bis das Ergebnis auf der Anzeigetafel erscheint.

„Meine Damen und Herren", verkündet er. „Hier ist es: unser ungleichstes Quizpaar!"

Die Kamera schwenkt näher. Und da stehen sie. Die Namen von Paps und Onkel Rosi erscheinen dick und fett an erster Stelle.

Pfiffe und Klatschen ertönen im Wohnzimmer.

„Die beiden Brüder Peter und Robert Siegfried Fuchs sind die Einzigen, die keine …", der Moderator zeigt auf die Anzeigetafel, „… ich wiederhole noch einmal: nicht die klitzekleinste Übereinstimmung haben." Er holt tief Luft. „Werfen wir einen näheren Blick auf ihre Antworten. Damit Sie sich überzeugen können, dass wir es wirklich mit dem ungleichsten Paar Norddeutschlands zu tun haben."

Wieder wird die Tafel eingeblendet. Und alle sehen auf einen Blick, wie perfekt Paps und Rosi ihre Sache gemacht haben.

Frage für Frage haben sie völlig unterschiedlich beantwortet. Ohne voneinander zu wissen. Während Paps an einer Kreuzung nach rechts gehen würde, wählt Rosi die linke Seite. Während Paps als Lieblingsfarbe Blau wählt, entscheidet sich Rosi für Rot. Während Paps lieber Urlaub in Norwegen machen würde, findet Rosi die Karibik attraktiver. Während Paps gerne Fußball schaut, entscheidet sich Rosi für Wasserballett.

Herr Cramer schaut irritiert Rosi an. „Interessiert dich das wirklich?“, fragt er verblüfft.

Rosi wirft sich in die Brust. „Ich finde, Wasserballett ist eine unterschätzte Sportart!“, ruft er. Aber dann lenkt er ein. „Ehrlich gesagt wusste ich, dass mein Bruder niemals in einer öffentlich ausgestrahlten Fernsehshow zugeben würde, dass er eigentlich lieber Wasserballett schaut.“

Paps fährt hoch. „Das ist ja das Letzte! Ich bin quasi für die Bundesliga geboren.“

Klara und Maxi blicken sich zweifelnd an. Paps versteht von Fußball nicht die Bohne. Er guckt sich höchstens mal ein Spiel an, wenn

Weltmeisterschaften sind. Und auch dann jubelt er immer nur für die Mannschaft, die gerade führt.

„Jetzt seid doch endlich mal ruhig!", zetert Maxi. „Sonst verpassen wir ja das Wichtigste."

„Ich bitte die beiden Herren zu mir", verkündet der Moderator.

Paps vergräbt sein Gesicht in beiden Händen. „Das ist so peinlich. Ich kann nicht mehr hinsehen."

„Musst du aber." Klara deutet auf dem Bildschirm, wo ihre beiden Erziehungsberechtigten gegenüber an einem Kandidatenpult Platz nehmen.

Der Moderator wendet sich freundlich an beide. „Ihre beiden Töchter haben Sie hier angemeldet. Können Sie sich vorstellen, warum?"

Die Antworten kommen fast gleichzeitig.

„Sie wollten uns foltern", stöhnt Paps.

„Sie wollten uns etwas Gutes tun", erklärt Rosi.

Der Moderator nickt und grinst. „Verstehe.

Erzählen Sie doch unserem Publikum einmal, was Sie mit dem vielen Geld anfangen wollen, wenn Sie gewinnen. Peter?“ Er wendet sich zuerst an Paps.

„Ich hätte gerne einen Wintergarten“, sagt Paps mit etwas zittriger Stimme.

Der Moderator nickt und schaut zu Rosi. „Und was tun Sie mit dem Geld, wenn Sie es sind, der gewinnt?“

Rosi wirft sich in die Brust. „Ich baue mir ein neues Gewächshaus.“

Der Moderator lächelt den beiden zu. „Na, dann wollen wir nicht länger um den heißen Brei herumreden“, sagt er. „Schließlich geht es entweder um einen Wintergarten“, er deutet auf Paps, „oder um ein Gewächshaus.“ Er zeigt auf Rosi. Dann blickt er wieder auf die Anzeigetafel. „Für sage und schreibe 20 000 Euro.“

Im Publikum werden *Aahs* und *Oohs* laut.

„Die Regeln sind Ihnen bekannt“, fährt der Moderator fort. „Ich stelle Ihnen jetzt die Quizfragen. Derjenige, der sie zuerst richtig beantwortet, ist den 20 000 Euro ein Stück näher. Wir machen erst in Fünfhunderter-, dann in

Tausender-Schritten weiter. Wer zuerst bei den 20 000 ist, hat gewonnen.“ Er schaut in die Runde. „Alles verstanden?“

Paps nickt ergeben.

Rosi strahlt in die Kamera. Er legt einen Finger auf die Stirn und atmet sichtbar ein und wieder aus.

Der Moderator wendet sich ans Publikum. „Beginnen wir mit unserem Quiz – zwischen den beiden ungleichsten Kandidaten, die Norddeutschland zu bieten hat.“ Er senkt seine Stimme etwas. „Die 500-Euro-Frage ist einfach“, sagt er zu Paps und Rosi. „Welches Ballspiel gibt es von diesen vieren wirklich? Feuerball, Brennball, Glühball oder Flammenball.“

Rosi reißt sich die Kappe von der Stirn. „Feuerball!“, ruft er übereifrig. „Eine Sportart, die man schon im alten Griechenland ausübte.“

Maxi stöhnt.

Rosi auf dem Bildschirm legt die Stirn in Falten. Anscheinend hat er gemerkt, dass er mit seiner Antwort ein bisschen voreilig war.

Paps schüttelt grinsend den Kopf. „Ich bin zwar nicht so schnell wie mein Bruder hier, aber dafür war ich in Sport und Geschichte besser – es ist Brennball."

Der Moderator nickt. „Peter – das ist natürlich die richtige Antwort. Brennball ist ein beliebtes Ballspiel. Und verhilft Ihrem Spielekonto zu den ersten 500 Euro."

Rosi schaut empört von einem zum anderen. Dann lässt er den Kopf hängen.

Doch schon eine Minute später triumphiert er über seinen Bruder. Es geht um eine Rosenart. Während Paps mutig auf die Geranie tippte, liegt Rosi mit der Teerose richtig.

„Mensch, ist das spannend!", ruft Tim und greift wieder in die Chipstüte. „Sie geben sich ja nichts!" Er schaut sich zu den Brüdern um.

Und tatsächlich – in der Quizshow wird die Stimmung hitziger. Selbst Paps taut sichtlich auf und findet Spaß am Spiel. Es ist ein Kopf-an-

Kopf-Rennen. Immer wenn Paps sich in Führung glaubt, zieht Rosi nach. Und dann ist es wieder umgekehrt.

„Es war wie verhext“, murmelt Paps auf seinem Sessel. „Ich wurde den Kerl einfach nicht los! Dabei habe ich viel mehr gewusst.“

„Gar nicht wahr!“, ruft Rosi. „Du hast doch nur Glück gehabt.“

„Wenn ihr nicht sofort ruhig seid, schmeiß ich euch aus dem Zimmer!“, droht Klara.

Um sie herum wird es still.

Aus dem Fernseher dröhnt ein Trommelwirbel.

„Die nächste Frage entscheidet“, verkündet der Moderator mit leiser Stimme. Er macht eine bedeutungsvolle Pause. „Wer von Ihnen beiden diese Frage zuerst richtig beantwortet, der gewinnt …“, auf dem Bildschirm wird die Anzeigetafel eingeblendet, „… der gewinnt 20 000 Euro.“

Annas Hand fährt nervös über den Teppich. „Nun macht es nicht so spannend!“, stöhnt sie.

„Sind Sie bereit?“, fragt der Moderator.

Paps und Rosi nicken. Sie haben sich beide

leicht nach vorn gebeugt und lauern begierig auf die letzte Frage.

Der Moderator hebt den Zeigefinger und blickt die Brüder an. „Welches ist die größte japanische Insel?"

Paps und Rosi warten nicht die vier Antwortmöglichkeiten ab.

Sie schießen in die Höhe.

Sie holen gleichzeitig Luft.

Sie öffnen gleichzeitig den Mund.

Und sie antworten gleichzeitig.

„Hondo", sagt Paps.

„Hondo", sagt Rosi.

Der Moderator schaut verdutzt von einem zum anderen. „Das ist richtig", sagt er verblüfft. „Bei beiden. Gleichzeitig."

Im Wohnzimmer und im Studiopublikum wird zögerliches Klatschen laut. Doch nach einem kurzen Moment haben alle begriffen, was passiert ist, und Applaus brandet auf.

„Glückwunsch!“, ruft Herr Cramer.

„Respekt!“, brüllt Tim.

Klara stößt ihn in die Seite. „Ruhe!“ Sie deutet auf den Moderator, der sich am Kopf kratzt. „Es geht noch weiter.“

„Meine Damen und Herren“, wendet der Showmaster sich ans Publikum. „Ich fürchte, wir haben jetzt eine Pattsituation.“ Er schaut sich unsicher um. „Die 20 000-Euro-Antwort ist korrekt beantwortet worden. Wenn auch von beiden Kandidaten gleichzeitig. Damit haben wir einen Punktegleichstand.“ Er holt tief Luft. „Fragen wir einmal unsere Regie. Wie lauten unsere Spielregeln in so einem Fall?“ Er horcht einen kurzen Moment. Dann sieht er von Rosi zu Paps.

„Nun, die Regeln sind eindeutig“, erklärt er. „Sie haben korrekt die 20 000-Euro-Frage beantwortet. Und deswegen bekommen Sie die Gewinnsumme auch ausgezahlt.“

Rosi reibt sich die Hände. „Sie meinen, jeder von uns bekommt 20 000 Euro?“ Im Geiste scheint er schon die Scheine zu zählen.

Der Moderator lacht. „Schön wäre es, oder?

Nein, Sie bekommen jeweils die Hälfte. Jeder von Ihnen 10 000 Euro."

Tim stöhnt auf. „Wieso haben Sie auch gleichzeitig geantwortet?", fragt er. Doch die anderen achten nicht auf ihn.

„Geld ist Geld", sagt Herr Cramer und schlägt Rosi und Paps so fest auf die Schulter, dass sie zusammenzucken.

Dann richten sie ihre Blicke wieder auf den Fernseher.

Der Moderator schüttelt Paps und Rosi unter dem Applaus der Studiogäste die Hand. Dann fragt er die Brüder: „Was werden Sie denn unter diesen neuen Umständen mit dem Geld anfangen? Sie haben jetzt ja nur jeweils 10 000 Euro zur Verfügung."

Und wieder antworten die Brüder gleichzeitig.

„Wir legen zusammen und werden einen Wintergarten bauen", sagt Rosi.

Und Paps erklärt fest: „Wir legen zusammen und werden ein Gewächshaus bauen."

„Haben Sie vorhin nicht genau umgekehrte Wünsche geäußert?", fragt der Moderator verwirrt.

Paps und Rosi lächeln sich an.

„Haben wir“, sagt Rosi.

„Wir mögen vielleicht das ungleichste Paar Norddeutschlands sein“, erklärt Paps und legt seinen Arm um seinen großen Bruder. „Aber in den wichtigen Dingen des Lebens waren wir uns schon immer einig.“

Zauberritt

„Seid ihr alle fertig?“ Hanna dreht sich im Sattel um und schaut prüfend auf ihre Schützlinge.

„Moment noch!“ Klara zieht ihren Sattelgurt stramm und greift nach dem Steigbügel. Die anderen sitzen schon dick eingemummelt auf ihren Ponys. Kleine weiße Atemwolken steigen von den Nüstern der Pferde in die kalte Morgenluft auf. Raureif glitzert auf den Bäumen und Sträuchern im Hof, aber die Oktobersonne schmilzt ihn langsam weg. Der Himmel leuchtet in einem strahlenden Blau.

Lou lacht. „Unser Stoppelfelder-Ausritt war lange genug überfällig, oder?“ Sie grinst Anna an, die beruhigend auf Bastello einredet. Der Wallach tänzelt auf der Stelle. Er kann es kaum erwarten, dass es losgeht.

„Okay!“, ruft Klara. Sie hat sich auf Krümel geschwungen. „Ich bin bereit.“

Sie schaut auf den Reiter neben sich. Über

Tims Gesicht hat sich ein verklärtes Lächeln gelegt, wie so oft in der letzten Zeit. Versonnen streicht er über den Hals seines Ponys.

Dessen Fell glänzt in der Morgensonne rabenschwarz. Die Stute hat den eleganten Kopf hoch erhoben und schaut neugierig aus den großen dunklen Augen in die Welt. Tim reitet Hexe.

Seit drei Wochen haben Klara und Tim jeden zweiten Tag zusammen trainiert. Und das Wunder ist geschehen. Aus einer wilden Furie, die sich kaum reiten ließ, ist ein braves Pony geworden, das allen Kommandos eifrig folgt.

Und das verdanken sie nur einem: Krümel.

Der Wallach hat seiner Freundin in den letzten Wochen alles beigebracht, was man als Reitschul-Pony wissen muss.

Wie man anständig an der Longe geht. Dass man vor Reitern keine Angst zu haben braucht. Und dass in den Ecken der Reithalle keine wilden Löwen darauf lauern, kleine schwarze Ponys zu verspeisen.

Tim und Klara hatten nichts anderes zu tun, als Krümel die Lehrerrolle zu übertragen. Hexe hat ihm alles nachgemacht. Leider hat die Stute von dem Wallach auch ein paar Dinge gelernt, die nicht auf Tims und Klaras Stundenplan standen: Wie man Futtersäcke aufmacht. Wo Hanna die Mohrrüben im Stall aufbewahrt. Und wo die Menschen am kitzligsten sind. Klara und Tim mussten das notgedrungen in Kauf nehmen. Denn sie sind heilfroh, dass Hexe keine Probleme mehr macht.

Heute ist das erste Mal, dass die Stute mit ins Gelände darf. Aber alle sind sich einig, dass es gut gehen wird. Denn Krümel ist dabei.

Hanna gibt ein Zeichen und übernimmt die Spitze der Abteilung. Lou und Anna schließen sich an, dann kommt Jella, die endlich wieder gesund ist, auf Dramur und eine Pferdelänge darauf folgen Klara und Tim. Die beiden Ponys gehen so dicht nebeneinander, dass sich die Knie ihrer Reiter berühren.

„Kannst du dir eigentlich noch vorstellen, dass wir diesen Unsinn mit Hexe je geglaubt haben?“, fragt Klara. „Vor drei Wochen hätten wir uns noch nicht mal in ihre Nähe getraut, so abergläubisch waren wir.“

Tim schüttelt den Kopf. „Ich weiß nicht, wie ich derart bescheuert sein konnte! Wie könnte ausgerechnet das schönste und klügste Pony der Welt Unglück bringen?"

Krümel schnaubt entrüstet auf. „Du hast natürlich recht, mein Dicker", beruhigt Klara ihren Wallach schnell. „Das klügste Pony bist selbstverständlich immer noch du."

Sie hebt die Hand, um Herrn Wedel zuzuwinken. Sie reiten gerade an dem Reitstallbesitzer vorbei. Er steht auf einer Leiter, um die Dachrinne der Reithalle zu reparieren.

Herr Wedel grüßt zurück. „Viel Spaß euch allen!", schmettert er und passt einen Moment lang nicht auf. Und da passiert es. Herr Wedel verliert das Gleichgewicht. Wie wild rudert er mit den Armen.

„Vorsicht!", ruft Hanna und sieht erschrocken auf ihren Chef.

Klara hält den Atem an. Der Sturz ist nicht mehr aufzuhalten. Jeden Moment kann Herr Wedel die vier Meter auf das Kopfsteinpflaster des Hofes knallen.

Plötzlich wendet Hexe auf der Hinterhand.

Der völlig überraschte Tim kann sich kaum im Sattel halten. Die Stute schaut direkt zu Herrn Wedel. Dann wiehert sie hell und drängend.

Und in dem Moment bekommt Herr Wedel die Dachrinne zu fassen. Ein knirschender Ruck fährt durch das Metall. Anna schreit leise auf. Aber die Rinne hält.

Einige Augenblicke später steht Herr Wedel mit zitternden Knien vor den Reitern. Er ist leichenblass. „Diesmal glaube ich es wirklich“, sagt er leise und lehnt sich an Hexes Hals. „Dieses Pferd kann tatsächlich zaubern!“

Den anderen hat es die Sprache verschlagen, so erschrocken sind sie. Sie nicken nur. Einer nach dem anderen.

Denn in einem Punkt sind sich alle einig: Hexe mag vielleicht keine echte Hexe sein. Aber ganz bestimmt eine gute Fee.

Ein Pony
und viele Gefahren

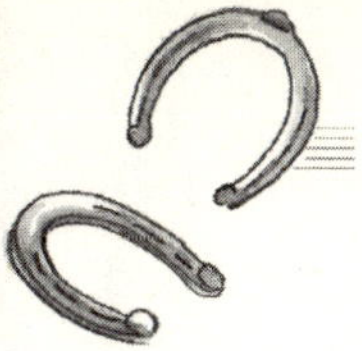

Ein Bad im Schnee

„He, Klara!“, ruft Tim von hinten. In dem verschneiten Wald klingt seine Stimme ganz unwirklich. „Bist du eingeschlafen?“

Klara reckt ihre Nasenspitze aus dem Schal, den sie sich um Hals und Reitkappe gewickelt hat, um das bisschen Restwärme in ihrem Körper zu halten. „Dazu ist es viel zu kalt“, erwidert sie zähneklappernd. „Ich glaube, meine Finger sind schon abgefallen.“

Ihre Reitlehrerin Hanna, die vorausreitet, dreht sich lachend um. „Na, so schlimm wird es nicht sein. Wie wäre es mit einem kleinen Galopp? Der wird uns ein wenig einheizen.“

Krümel, Klaras Connemara-Wallach, schnaubt zustimmend und scharrt mit den Hufen. Schnee stäubt hinter ihm auf. Tims elegante Rappstute Hexe macht einen erschrockenen Satz zur Seite. Sie ist erst vier Jahre alt. Es ist ihr erster Winter in Düllenburg.

„Alles in Ordnung, Tim?", fragt Hanna. Die Reitlehrerin hat den Ausritt vorgeschlagen, um Hexe an den Schnee zu gewöhnen.

„Keine Sorge, Hanna." Tim grinst von einem Ohr zum anderen. „Wir können es nur mal wieder nicht abwarten."

Hanna greift ihre Zügel kürzer und gibt das Zeichen zum Antraben. Krümel legt sich mächtig ins Zeug. Die Kälte und der Schnee scheinen ihm offensichtlich Spaß zu machen, Klara kann ihn kaum noch halten. Glücklicherweise galoppiert Hanna aber schon an.

Mit mächtigen Sprüngen preschen die drei Pferde hintereinander durch den Wald. Die schneebedeckten Bäume ziehen vorbei, der Wind schneidet ins Gesicht und Klara könnte jauchzen vor Glück. Was sie dann aber doch lieber lässt. Denn eine Pferdelänge vor ihr bückt sich Hanna unter einem besonders tief hängenden Zweig und Klara muss sich schleunigst auf Krümels Hals legen, damit sie nicht getroffen wird.

Viel zu schnell erreichen sie den Waldrand. Vor ihnen erstrecken sich die verschneiten Felder von Düllenburg. Rechts geht es zum Safaripark, der jedoch im Winter geschlossen hat.

Und links liegt der Reitklub Cavallo.

Hanna wechselt in den Schritt und biegt in einen schmalen Pfad ein.

„Tim, Klara!“, ruft sie. „Auf diesem Weg gibt es ein paar Verwehungen. Der Wind hat den Schnee hier besonders hoch aufgetürmt. Aber keine Angst – das schaffen Hexe und Krümel locker.“

Klara nickt und nimmt konzentriert die Zügel auf. Trotz der Winterhufeisen, mit denen Krümels Hufe beschlagen sind, können die Pferde auf der offenen Schneefläche leichter ausrutschen als auf dem Waldboden. Sie will besonders aufpassen, dass nichts passiert.

Geschickt sucht sich Krümel seinen Weg durch den Schnee. Doch plötzlich versperrt eine hohe Schneewehe den Pfad. Hannas langbeiniger Wallach hat keine Mühe, den nassen Haufen zu durchqueren. Doch Krümel hält an und beäugt den Schnee vor ihm misstrauisch. Er schnaubt durch die Nüstern.

Kurz entschlossen rutscht Klara aus dem Sattel. Sie wird einfach vorangehen und Krümel zeigen, dass der Schnee keine Gefahr ist. Später kann sie dann wieder aufsteigen.

Sie zerrt am Zügel. Doch Krümel rührt sich nicht. Er steht da wie ein Pferdestandbild.

„Komm schon, Dicker!“ Klara zieht ein weiteres Mal und geht mit festen Schritten voran.

Was sie besser hätte bleiben lassen sollen.

Denn keine drei Schritte weit ist sie bis zur Hüfte im Schnee versunken.

„Ich stecke fest!“, ruft sie kläglich.

Den Moment wählt Krümel. Er fasst sich ein Herz. Als ob er Klara zu Hilfe eilen wollte, springt er entschlossen in den Schneehaufen. Mit viel Schwung landet er in der weißen Pracht und schlittert mit beiden Vorderhufen voran durch den Schnee genau auf Klara zu.

Erst kurz vor ihr kommt er zum Stehen. Bis zum Bauch steckt er in der Schneewehe fest. Seine dunkle Stirnlocke ist ihm verwegen aus dem honigfarbenen Gesicht geweht. Aber er scheint nur zu denken: Keine Angst! Ich bin hier, um dich zu retten.

Tim, der mit Hexe rechtzeitig vor der Schneewehe zum Stehen gekommen ist, bricht in schallendes Gelächter aus. „Unser Erste-Hilfe-Pony wieder im Einsatz“, sagt er spöttisch. Er spielt darauf an, dass sich Krümel schon mehrfach in brenzligen Situationen als Retter in der Not erwiesen hat.

Kaum hat er zu Ende gesprochen, muss er selbst erschrocken in Hexes Mähne greifen.

Er hat vergessen, dass Hexe ihrem älteren Freund Krümel gern alles nachmacht. Und nun setzt auch sie zum Sprung an.

Mit einem mächtigen Satz landen sie mitten in der Schneewehe.

Flocken stäuben auf und hüllen das Reiterpaar ein.

Jetzt ist es Klara, die lacht, als sie in die verdutzten Mienen von Hexe und Tim sieht. Die Stute wiehert kläglich.

„Fragt sich, wer von uns nun Erste Hilfe braucht“, sagt Klara kichernd.

Knapp zehn Minuten später reiten sie einträchtig in den Hof ein, der zum Reitklub Cavallo gehört. Nur noch die Pferdebeine sowie Klaras Hosen und Reitstiefel tragen Spuren von ihrem Ausflug in die Schneewehe.

Klara lässt die Zügel lang. Krümel weiß sowieso, wohin es geht. Energisch zieht er in Richtung Ponystall, der auf der rechten Seite des Hofes liegt. Während Hanna ihnen noch einmal winkt und geradeaus weiter zum Stall der Großpferde reitet, machen Klara und Tim vor dem Putzplatz Halt.

Klara lässt sich aus dem Sattel rutschen und kommt stöhnend auf. In den Oberschenkeln hat sie kein Gefühl mehr. Selbst die extrawarmen Reithandschuhe, die Paps ihr zu Weihnachten geschenkt hat, können die Kälte nicht ganz abhalten.

Krümel scheint zu ahnen, dass seine Pflegerin augenblicklich nicht in der Lage ist, ihn aufzuhalten. Er wartet jedenfalls nicht ab, bis Klara ihm den Sattel und die Trense abgenommen hat, sondern marschiert einfach los in den Stall.

„He, Krümel!“, ruft Klara ihm hinterher. „Hast du nicht etwas vergessen?“

Krümel dreht sich nicht einmal um. Er scheint entschlossen, nach dem nasskalten Ausritt schleunigst seine Box aufzusuchen. Hexe, die ihn wie üblich nicht aus den Augen lässt, nimmt abrupt den Kopf hoch. Mit einem Ruck hat sie Tim die Zügel aus der Hand gerissen und trabt hinter dem goldfarbenen Wallach her.

Tim schüttelt den Kopf. „Dann sollen die beiden sich doch gefälligst gegenseitig absatteln!“, schimpft er.

Klara nimmt Schal und Reitkappe ab und streicht sich ihr widerspenstiges blondes Haar aus der Stirn. In der Kälte hat es sich elektrisch aufgeladen und knistert.

Seufzend schließt sie sich Tim an, der schon fluchend auf dem Weg in den Ponystall ist.

Eigentlich freut Klara sich ja, dass Hexe und

Krümel so unzertrennlich sind. Als die Stute vor einigen Monaten auf den Hof kam, war sie völlig verschreckt und hat niemanden an sich herangelassen. Doch bei Krümel fühlt sie sich inzwischen so sicher, dass sie kaum noch Angst hat. Was aber nicht immer von Vorteil ist. Wie oft haben ihre Ponys Klara und Tim in der letzten Zeit an der Nase herumgeführt! Krümel hatte schon immer jede Menge Unsinn im Kopf. Jetzt scheint er begierig zu sein, seine erprobten Tipps und Tricks in Sachen Ponystreiche an Hexe weiterzugeben. Und Hexe? Hexe erweist sich in diesem Punkt als ausgesprochen gelehrig.

„Warte, Tim", sagt Klara keuchend. Aus zwei Boxen im Ponystall lugen neugierig dicke Ponyköpfe: Lakritz und Bastello – die Wallache ihrer Freundinnen Lou und Anna. Die Stallgasse jedoch ist leer. Keine Hexe, kein Krümel. Tim und Klara sehen sich an.

„Denkst du auch, was ich denke?", fragt Tim.

Klara nickt nur und macht sich schicksalsergeben zum anderen Ende des Stalls auf, wo in einem kleinen Seitentrakt Heu, Stroh und Kraftfutter für die Ponys gelagert werden. Es wäre nicht das erste Mal, dass sich Krümel und Hexe von diesem Ort wie magisch angezogen fühlten.

Und tatsächlich: Dort stehen die Ausreißer. Heu hängt ihnen links und rechts aus den Mundwinkeln. Sie kauen zufrieden.

Plötzlich klappt hinter ihnen eine Tür und um die Ecke biegt Anna, Klaras beste Freundin. „Ihr scheint eure Ponys ja gut im Griff zu haben“, begrüßt sie die Freunde kichernd und streicht ihr langes dunkles Haar aus dem Gesicht. „Hoffentlich passiert euch das nicht bei der Hufeisen-Prüfung!“

Klara hat Krümel erreicht. Sie greift seinen Zügel und zieht ihn energisch zurück auf die Stallgasse und in die riesige Box, die er gemeinsam mit Hexe bewohnt.

„Komm mir nicht mit der Prüfung“, sagt Klara und nimmt Krümels Trense ab. „Die hatte ich gerade so schön vergessen.“

Hanna hat vor einigen Wochen verkündet, dass Ende des Monats eine Prüfung für das Große Hufeisen im Stall stattfinden wird. Alle Mitglieder aus Klaras Reitgruppe dürfen daran teilnehmen.

„Prüfung? Ich fühle mich eher leidgeprüft“, klagt Tim. Er führt Hexe in die Box und löst den Sattelgurt. Die Stute macht unwillig einen Schritt zur Seite und flüchtet sich zu Krümel. „Hexe trägt mich nur sicher durch die Prüfung, wenn Krümel es ihr sagt.“

Der Wallach schnaubt und drängt sich vor, um Tims Taschen nach einer Leckerei abzusuchen.

Klara lacht. „Gib ihm lieber etwas“, rät sie. „Vielleicht ist er bestechlich? Dann hast du das Große Hufeisen so gut wie geschafft.“

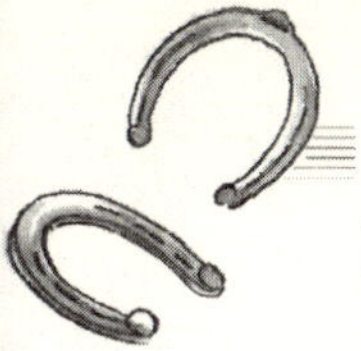

Ein Schnäppchen in Farbe

Klaras Zähne klappern, als sie auf den Bürgersteig einbiegt, der zum Backsteinhaus ihrer Familie führt. Die Freunde haben sich nicht lange im Reitstall aufgehalten. Sobald ihre Ponys versorgt waren, hat sich jeder schleunigst auf den Heimweg gemacht, um sich aufzuwärmen.

Vorsichtig bremst Klara ihr Fahrrad ab. Doch sie kann nicht verhindern, dass sie mit einem etwas uneleganten Manöver in einen schmutzigen Schneehaufen rutscht.

„Verdammter Mist!", flucht sie und hebt das Rad wieder auf. Gerade ist ihr eingefallen, dass sie heute Morgen vergessen hat, Schnee zu schippen. Dabei ist sie diese Woche an der Reihe. Ihr Onkel Robert Siegfried, den alle heimlich nur Rosi nennen, wird ihr heute Abend eine Standpauke über Bürgerpflichten halten. Er ist Finanzbeamter und nimmt es mit solchen Sachen sehr genau.

Aber auf Rosi kann Klara jetzt keine Rücksicht nehmen. Sie muss erst einmal ins Warme. Ansonsten wird sie auf der Stelle zu einer nicht sehr schmückenden Eis-Klara erstarren, da ist sie sich sicher. Außerdem steht ihr Sinn nach einer Tasse von Paps' berühmtem Kakao.

„Hallo, Paps!“, ruft sie, als sie die Tür aufgeschlossen hat. „Hast du Lust, deine Tochter vor einem plötzlichen Kältetod zu bewahren?“

Statt einer Antwort ertönt ein Krachen aus der Küche, gefolgt von einem Fluch. Klara runzelt die Stirn.

Sie schält sich aus ihrem Anorak und hat gerade den Reißverschluss ihres rechten Winterreitstiefels aufgezogen, als ein weiß-brauner Blitz um die Ecke saust und direkt auf sie zustürmt. Zaster, ihr Jack-Russell-Terrier.

„Vorsicht, Zaster!“, kann Klara noch rufen, dann ist er heran und springt sie an. Und da Klara gerade auf einem Bein steht, kommt es, wie es kommen muss. Sie fällt um.

Zaster ist mit einem Satz auf ihrer Brust und leckt ihr begeistert quer übers Gesicht.

„Aus“, sagt Klara lachend und schiebt den

Hund von sich. Als er ein Stück von ihr abrückt, entdeckt sie plötzlich auf ihrem roten Pullover weiße Flecken. Pfotenabdrücke.

Sie setzt sich auf und blickt Zaster streng in die Augen. „Zaster!“, sagt sie warnend. „Was hast du wieder angestellt?“ Zaster hat sich vor sie hingesetzt und sieht sie mit seinem unschuldigsten Blick an. Wieso angestellt?, scheint er sich angestrengt zu fragen. Und: Meinst du etwa mich?

Plötzlich steht Paps im Flur. In der Hand hält er einen Pinsel. „Du Mistköter!“, schimpft er.

Der Hund dreht sich gelassen um und trottet in Richtung Garderobe. Dort macht er es sich in Klaras Anorak gemütlich.

Paps ringt die Hände. Klara mustert ihn von oben bis unten und bricht in ein schallendes Gelächter aus. Ihr Vater trägt den alten grüngelb gestreiften Morgenmantel, den er immer anhat, wenn er nicht weiterweiß. Klara hat ihm gemeinsam mit Onkel Rosi und Maxi, Rosis Tochter, einen neuen Morgenmantel zu Weihnachten geschenkt. Doch anscheinend hat Paps beschlossen, das gute Stück zu schonen.

Was nicht die schlechteste Idee war, wenn man bedenkt, dass der Morgenmantel über und über mit grünen und weißen Farbklecksen bedeckt ist.

„Was gibt es da zu lachen?" Paps macht ein Gesicht wie sieben Tage Regenwetter.

„Was ist denn mit dir passiert?", fragt Klara zurück.

Paps senkt den Kopf und schiebt trotzig die Unterlippe vor. So sieht er immer aus, wenn er etwas getan hat, was nicht vom Familienrat abgesegnet wurde. „Ich …", beginnt er zögerlich, „… ich war heute Morgen … Nun ja, in diesem Möbelgeschäft. Du weißt schon …" Angelegentlich zupft er einen losen Faden von dem zerschlissenen Mantel.

Klara nickt. Sie sitzt immer noch auf dem Boden. „Ich weiß", sagt sie geduldig. „Du wolltest den Schrank abholen, den Maxi geschenkt bekommen hat."

Paps runzelt die Stirn. „Was für einen Schrank?" Klara wartet ab. Paps Gedankengänge sind manchmal ein wenig wirr. Vor allem, wenn es um Geständnisse geht. „Der Schrank war bestimmt noch nicht da, glaube ich", redet er sich prompt heraus. „Aber dafür habe ich dieses Schnäppchen getätigt. Also – das war eine Gelegenheit, das kannst du dir nicht vorstellen."

Klara stöhnt auf. Und ob sie das kann! Paps ist ein begnadeter Schnäppchenjäger. Vorzugsweise für Sachen, die kein Mensch braucht. Einmal hat er eine tragbare Hundewaage angeschleppt. Sie haben Stunden zugebracht, um Zaster dazu zu bewegen, wenigstens ein paar Sekunden darauf stehen zu bleiben. Und mit der Information, dass ihr Hund 5,8 Kilo wiegt, haben sie bis heute nichts anfangen können. Letzten Sommer hat Paps eine Kettensäge erstanden. Angeblich, um den wuchernden Zweigen des Apfelbaumes Herr zu werden. Schlimmere Verletzungen konnte Klara nur verhindern, indem sie heimlich mit ihrer Cousine Maxi den Akku aus dem

Gerät entfernt hat. Paps ist heute noch davon überzeugt, dass der Baumarkt ihm ein defektes Gerät angedreht hat.

„Was ist es diesmal?“, fragt Klara ergeben.

„Eine Einbauküche!“, verkündet Paps begeistert. „Ein Kunde hatte sie zurückgebracht, deswegen war sie fast um die Hälfte reduziert.“

Klara schießen jede Menge Fragen durch den Kopf. Eine Küche? Wozu brauchen sie eine neue Küche? War die alte nicht mehr gut genug? Und noch viel wichtiger: Was für einen Grund hatte der erste Kunde, ausgerechnet diese Küche wieder zurückzugeben?

Sie öffnet den Mund, um aus Paps die ganze Wahrheit herauszulocken, als er sie schon am Arm nimmt und stolz in die Küche zerrt. Und was Klara dort sieht, verschlägt ihr die Sprache. Der ganze Raum ist großflächig mit Plastikplanen verdeckt. Teile ihrer alten Einbauküche sind bereits abmontiert und lehnen an der Wand. Überall stehen halb aufgerissene Pakete. Einige Farbeimer sind strategisch im Raum verteilt, als ob Paps mit ihnen Schach spielen wollte. Zwei von ihnen sind geöffnet, durch die weiße Farbe auf einem der daneben liegenden Deckel führen kleine Pfotentapsen.

„Oh, Paps!“, ruft Klara. Jetzt ist sie es, die ihre Hände ringt. „Was hast du dir dabei gedacht?“

„Hübsch, nicht wahr?“ Paps lässt sich nicht von seiner Begeisterung abbringen. „Schau mal, so wird es aussehen, wenn es fertig ist.“

Er greift nach einem Prospekt, auf dem eine Küchenzeile abgebildet ist. Zuerst sieht Klara nur das lächelnde Fotomodell, das eine Kochschürze umgebunden hat und begeistert in einem Kochtopf rührt, der mit der Arbeitsplatte aus Edelstahl um die Wette glitzert. Dann erst fällt Klaras Blick auf die Küchenfronten.

Und die erstrahlen in einem kreischenden Pink.

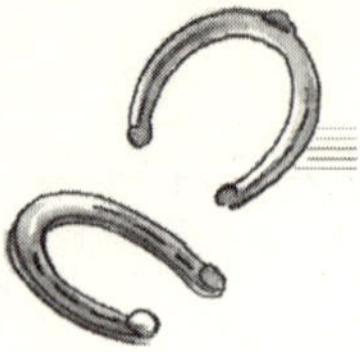

Post für Maxi

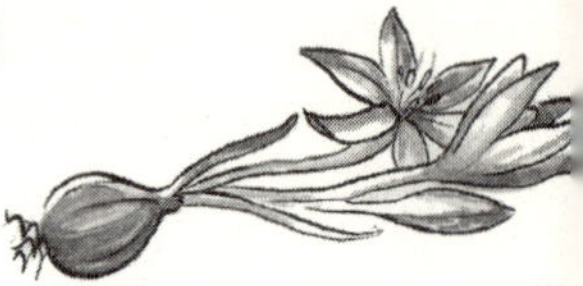

Klara hat genug gesehen. „Ich ziehe mich erst einmal um“, sagt sie zu Paps. Sie hofft, dass man ihr die Erschütterung nicht allzu sehr anmerkt. Aber Paps würde sich auch nicht beirren lassen, wenn Klara ihm ins Gesicht gesagt hätte, was sie von einer leuchtend pinkfarbenen Küche hält. Er greift schon wieder nach dem Pinsel und rührt selbstvergessen in einem der Farbeimer.

„Aber keine neuen Klamotten, sonst beschmutzt du dich beim Streichen“, erwidert er, als sei es das Selbstverständlichste der Welt, dass Klara gerne helfen möchte.

Klara seufzt und flüchtet über die Treppe in den ersten Stock. Ihr Paps ist wirklich der allerbeste Paps der Welt. Er zaubert aus dem Handgelenk ein Menü für zehn Personen, improvisiert am Klavier Jazzschlager, und die Verlage in Hamburg reißen sich um seine witzigen Zeitungsreportagen. Doch sobald es um handwerkliche Fähigkeiten geht, stellt selbst Zaster sich geschickter an.

Apropos Zaster. Klara pfeift nach ihrem Hund. Ihm wird sie auch die Pfoten waschen müssen. Aber als er hinter ihr hertrabt, bemerkt sie, dass die Farbe bereits getrocknet ist. Und zu einem Großteil wahrscheinlich in ihrem Anorak klebt.

Klara nimmt immer zwei Stufen auf einmal und will gerade in ihr Zimmer einbiegen, als aus dem Raum nebenan ein Scheppern ertönt, gefolgt von dem Geräusch zerbrechenden Glases. Klara stöhnt auf. Hat Paps etwa Maxi mit seinem Renovierungswahn angesteckt? Das kann sie sich eigentlich nicht vorstellen. Ihre Cousine ist ein Jahr älter als sie und im letzten Sommer in die siebte Klasse gekommen. Normalerweise ist sie ziemlich vernünftig. Es sei denn, ein Junge hat ihr mal wieder den Kopf verdreht.

Vorsichtig öffnet Klara die Tür und steckt ihren Kopf in den Raum. Die Familie benutzt ihn als Arbeits- und Fernsehzimmer.

Klara erschrickt. Ihre Cousine sitzt vor dem Computer. An der Wand ihr gegenüber liegt ein zerbrochenes Glas. Offensichtlich hat Maxi es vor Wut quer durch den Raum geworfen. Denn wütend ist sie, das sieht man deutlich.

„Maxi?“, fragt Klara vorsichtig. „Was ist passiert?“

Ihre Cousine dreht sich mit einem Ruck zu ihr um. Ihre sonst so gepflegten Haare hängen ihr ins Gesicht. Ihr Gesicht ist tränenverschmiert.

„Ich könnte … Ich hasse … Ich bin so enttäuscht …“, bricht es aus ihr heraus.

Klara ist mit einem Satz bei ihr und kniet sich vor sie hin.

„Er hat es nicht so gemeint“, sagt sie tröstend. „Paps hat es einfach nur vergessen. Er holt den Schrank morgen ab, dafür sorge ich.“

Maxi hat sich wieder zum Computer gebeugt. „Was für einen Schrank?“, bringt sie zwischen zwei Schluchzern hervor.

Klara kratzt sich am Kopf und steht auf. Wenn es nicht der Schrank ist, was macht ihre Cousine dann so traurig?

Maxi zeigt nur stumm auf den Monitor, auf dem eine E-Mail geöffnet ist. „Lies selbst!“, fordert sie Klara auf.

Klara bewegt die Lippen. „Liebe Maxi“, murmelt sie halblaut, „es tut mir leid, dass es Weihnachten nicht geklappt hat. Aber Ben war krank, deswegen musste ich dir absagen. Dafür habe ich mir ein besonderes Geschenk für dich ausgedacht. Ende Februar fahren wir zusammen in die Skiferien. Ich würde mich sehr freuen, wenn du mitkämst. Dann könntest du Jörg endlich einmal besser kennenlernen. Und vielleicht hast du Lust, ab und zu auf Benni aufzupassen, wenn wir essen gehen? Selbstverständlich bekommst du dafür ein Extrataschengeld. Gib uns doch bitte schnell Bescheid, damit wir buchen können! Viele Grüße, Mama."

Jetzt weiß Klara auch, warum Maxi so aufgelöst ist. Ihre Mutter hat sich vor zwei Jahren von Rosi getrennt und lebt nun mit ihrem neuen Freund Jörg und ihrem kleinen Baby Ben in München. Maxi hat sich damals entschieden, bei Rosi und Paps zu bleiben, und Klara weiß, dass sie mit der Entscheidung glücklich ist. So unähnlich sich die beiden Brüder sind – sie ersetzen den Cousinen Vater und Mutter aufs Beste. Was man von Maxis Mutter nicht sagen kann. Weihnachten war das dritte Mal, dass sie ihrer Tochter in letzter Sekunde abgesagt hat, obwohl sich Maxi furchtbar auf die Reise nach München gefreut hat. Angeblich war der kleine Ben krank geworden.

Maxi hatte sich daraufhin drei Tage in ihr Zimmer eingeschlossen und es brauchte die vereinigte Kraft der restlichen Familie sowie ein halbes Kilo von Paps Spezialweihnachtsgebäck, um sie dort herauszulocken.

„Vielleicht will deine Mutter es wieder gutmachen?", sagt Klara und streichelt hilflos die

Schulter ihrer Cousine. „Ich meine, die Sache mit Weihnachten?"

„Du weißt genau, was passieren wird." Maxi weint immer noch. „Erst freue ich mich wie eine Schneekönigin. Dann sagt sie in letzter Sekunde ab. Und ich bin viel trauriger, als wenn sie sich nie, nie, nie gemeldet hätte."

Klara schluckt. Sie kann Maxi ja verstehen. Was ist eine Mutter wert, die sich so verhält? Ihre eigene Mutter ist gestorben, als Klara erst ein Jahr alt war. Aber sie hat Paps und er erzählt jede Menge Geschichten über Mama. Und Klara weiß: So etwas hätte sie nie fertiggebracht.

„Soll ich dir etwas holen?", fragt sie ihre Cousine. „Vielleicht einen Kakao?" Ihr fällt einfach nichts anderes ein, um Maxi zu trösten.

„Nein", sagt Maxi schlicht. „Hol mir ein Wörterbuch für die weltallerschlimmsten Beschimpfungen. Die schick ich ihr dann per E-Mail. Kostenlos. Ohne Extrataschengeld. Mit Grüßen von ihrer Tochter."

Klara schluckt und schluckt. Dann nimmt sie Maxi in die Arme. Manchmal können Worte einfach nicht mehr helfen.

Doch wenig später lässt lautes Türenklappern die Cousinen hochschrecken.

„Wie sieht es denn hier aus?“, tönt Onkel Rosis Stimme aus dem Erdgeschoss herauf. Behutsam nimmt Klara ihren Arm von Maxis Schulter.

„Ich bin gleich wieder da“, flüstert sie. Maxi hebt noch nicht einmal den Kopf.

Mit ein paar Schritten ist Klara aus der Tür und springt die Treppenstufen hinunter. Unten empfängt sie ein Höllenlärm.

Rosi hat seine Aktentasche einfach im Flur fallen lassen. Das hat Klara noch nie erlebt, seit sie hier eingezogen sind. Mit schreckensbleicher Miene lehnt ihr Onkel in der Küchentür und starrt auf das Chaos aus Farbeimern, Möbelpaketen und Plastikplanen.

Paps steht in der Mitte des Raums. Er hat ein Stuhlbein in der Hand und sieht aus, als ob er notfalls bereit wäre, es zu seiner Verteidigung einzusetzen.

„Wann zum Teufel haben wir beschlossen, unsere Küche einzureißen?“ Rosis Stimme überschlägt sich. „Ich kann mich nicht entsinnen, dass wir einen Familienrat einberufen haben.“

„Familienrat, Familienrat." Paps schwenkt das Stuhlbein. „Manchmal muss man eben die Gelegenheit beim Schopfe packen. Wenn ich nicht so umsichtig gehandelt hätte, wäre diese fabelhafte Küche an jemand anderen gegangen. Ich sage dir, die Wölfe haben bereits gelauert."

„Wölfe?" Rosi schnappt nach Luft. „Das war kein Wolf. Sondern eher ein Rotkäppchen. Ein Pinkkäppchen, bei der Farbe!"

Klara stemmt ihre Hände in die Hüften. „Wenn ihr nicht sofort damit aufhört, fange ich an zu schreien!", faucht sie. „Während ihr euch hier unten eure Schädel wegen solcher Kleinigkeiten einschlagt, sitzt Maxi oben und weint sich die Augen aus dem Kopf."

Rosi, der gerade zu einer Erwiderung ansetzen wollte, atmet aus. Es klingt, als ob die Luft aus einem aufgeblasenen Ballon entweicht. Auch Paps weiß nun nicht, was er sagen soll und lässt das Stuhlbein fallen.

„Warum denn das?", erkundigt Rosi sich entsetzt. Klara hätte fast gelacht, wenn die Situation nicht so ernst wäre. Vor nichts hat Rosi mehr Angst als vor weinenden Frauen oder Töchtern. Einfach, weil er dann meistens mitweinen muss.

„Tante Svenja hat sich mal wieder zu einer E-Mail herabgelassen", sagt Klara leise. „Sie hat Maxi zu Skiferien eingeladen, die sie bestimmt im letzten Moment absagen wird. Das wenigstens denkt Maxi."

Sie hat ihren Satz kaum beendet, da ist Rosi schon an ihr vorbeigelaufen. In drei Sätzen nimmt er die Treppe und verschwindet im Arbeitszimmer.

Klara und Paps folgen etwas langsamer. Vorsichtig macht Klara die Tür auf und lugt in das Zimmer. Maxi hat sich eng an Onkel Rosi gekuschelt. Der sonst so überaus korrekte Finanzbeamte – angezogen mit Schlips und dunklem Anzug – achtet nicht darauf, dass sein Hemd Flecken bekommt. Während Maxi leise schluchzt, laufen auch über seine Wangen dicke Tränen.

Paps legt Klara die Hand auf die Schulter und zieht sie an sich. „Komm, Klara", flüstert er leise. „Lassen wir die beiden allein. Das ist jetzt am besten für sie."

Klara dreht sich um und schlingt ihre Arme um ihren Vater. Während sie seine tröstende Hand in ihrem Haar spürt, schwört sie sich eins: Diesmal wird sie dafür sorgen, dass Maxis Mutter ihr Versprechen hält. So wahr sie Klara heißt.

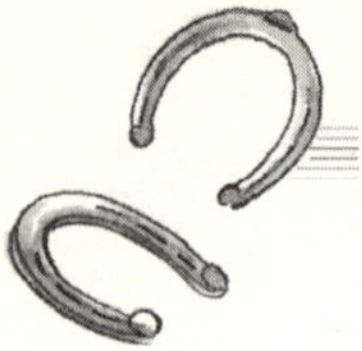

Frau Sandrin mischt sich ein

„Leute!“ Hannas Stimme klingt geschäftsmäßig. Sie steht in der Stallgasse und mustert ihre Schützlinge, die in den Boxen neben ihren gesattelten Ponys stehen. „In drei Wochen ist die Prüfung für das Große Hufeisen. Ich möchte, dass sich jeder von euch anstrengt. Das soll für niemanden eine Blamage werden.“ Sie blickt sich um. Als sie in die erschrockenen Gesichter von Klara, Tim, Lou, Anna, Jella und Jakob sieht, muss sie lachen. „Ihr starrt mich an wie verschreckte Karnickel“, sagt sie grinsend. „Aber das geschieht mir recht. Statt euch Angst zu machen, sollten wir lieber zusehen, dass ihr aufs Pferd kommt, oder? Denn darum geht es schließlich.“

Sie läuft voraus in die Halle. Etwas langsamer folgen ihr die Kinder mit ihren Ponys am Zügel.

„Die hat gut lachen“, murrt Jella. Ihr Draumur spitzt die Ohren und tänzelt neben ihr her. Er fühlt sich pudelwohl in der Kälte, schließlich ist er in Island geboren. „Sie hat sogar schon das silberne Reitabzeichen. Während wir dagegen noch ganz am Anfang stehen."

Jakob nickt. „Großes Hufeisen", sagt er düster. „Klingt irgendwie harmlos. Aber ich finde es ganz schön schwer. Erst die vielen Fragen in der theoretischen Prüfung. Dann das Abteilungsreiten mit den Bahnfiguren. Und zum Schluss der Sprung."

Klara schüttelt den Kopf. „Komm schon! Die Fragen für die theoretische Prüfung können wir inzwischen fast im Schlaf. Und in der letzten Reitstunde hat Hanna uns alle ausdrücklich gelobt."

Lou lacht. „Den Freischwimmer haben wir ja schließlich auch geschafft."

Tim streichelt Hexe im Gehen über den Hals. „Beim Freischwimmer hatte ich allerdings kein Pferd, das nichts Besseres zu tun hat, als blindlings seinem besten Freund hinterherzupaddeln. Stellt euch vor, die Richterin lässt Hexe nicht hinter Krümel gehen. Dann wird sie …"

Lou wird energisch. „Stellt euch vor, stellt euch

vor …“, äfft sie Tim nach. „Wir stellen uns am besten vor, dass wir es alle schaffen. Hanna hat recht. Wir sollten nicht so viel unken, sondern uns lieber aufs Reiten konzentrieren.“

Sie beschleunigt ihre Schritte und ist mit ihrem Lakritz als Erste am Hallentor. „Bahn frei!“, schmettert sie, um Reiter in der Halle zu warnen, die eventuell gerade auf die Tür zureiten.

„Bahn ist frei!“, flötet eine hohe Stimme aus der Halle.

Die Kinder rollen mit den Augen. Sie kennen die Stimme. Sie gehört der berüchtigten Frau Sandrin, die ihr teures Dressurpferd Mondenschein im Reitstall Cavallo trainiert.

Frau Sandrin bildet sich jede Menge ein. Zum Beispiel reiten zu können. Oder alles besser zu wissen. Ständig hat sie an Hannas Arbeit etwas auszusetzen. Und zu jeder Gelegenheit hat sie etwas Kluges beizusteuern. Typisch Lehrerin, spotten die Kinder dann und sind froh, dass die Lehrer an ihrer Schule viel netter sind. Diese Schreckschraube hätte ihnen gerade noch gefehlt!

Im Moment allerdings hält besagte Dame ausnahmsweise einmal den Mund, denn Mondenschein buckelt. Es mag an der Kälte liegen oder vielleicht ist der Schimmel einfach nur übermütig. Auf jeden Fall geht er erst vorne hoch, dann hinten. Die etwas dickliche Frau Sandrin kann sich nur mühsam im Sattel halten.

Die Kinder haben sich alle hinter Lou und Lakritz eingereiht und warten geduldig ab, dass sich Mondenschein etwas beruhigt hat. Sie haben keine Lust, unter die Hufe des fidelen Schimmels zu kommen, nur weil Frau Sandrin ihn nicht halten kann.

Erst als Mondenschein wieder ruhig in der Bahn geht, führen die Kinder ihre Ponys in die Mitte der Reithalle. Sie ziehen die Sattelgurte nach und steigen auf.

Frau Sandrin hat unterdessen ihre Gerte gezückt und straft Mondenschein. Ihr Gesicht ist hochrot und ihre kurzen Beine mit den spitzen Sporen sind so hochgezogen, dass sie ihrem Schimmel in die empfindlichen Seiten sticht.

Klara kann nicht hinsehen. Das Pferd wollte doch nur in der Kälte etwas von seinem Übermut loswerden. Wie oft hat sie das schon mit

Krümel erlebt. Dafür darf man doch kein Tier strafen! So möchte sie nie reiten, das weiß Klara genau. Dann sucht sie sich lieber ein anderes Hobby.

Behutsam beugt sie sich hinunter, um Krümels Gamaschen zu überprüfen. Die Bandagen sollen verhindern, dass sich das Pony verletzt.

Krümel nutzt die Gelegenheit und zwickt Klara spaßeshalber in den Hintern.

„Eins zu null für Krümel", kommentiert Tim von Hexes Rücken aus.

Klara wird rot im Gesicht. Hastig schwingt sie sich in den Sattel und treibt ihr Pferd an. „Na, dann wollen wir mal sehen, wie der Spielstand am Ende der Stunde ist!“, kontert sie.

Doch nicht sie ist es, die Probleme mit ihrem Pony hat, sondern Tim. Hexe verhält sich merkwürdig. Die Stute, die ansonsten immer ihrem geliebten Krümel nacheifert, verliert heute den Anschluss an ihren Freund. Beim Antraben kann Tim sie nicht überreden, sich vorwärts zu bewegen. Stattdessen bleibt sie stehen und bleckt störrisch ihre Zähne. Frau Sandrin, die Mondenschein inzwischen im Galopp durch die Bahn jagt, kann kaum ausweichen.

„Vorsicht, Tim“, sagt Hanna. Sie nähert sich Hexe. „Was ist denn mit ihr los?“, erkundigt sie sich.

Tim zuckt mit den Schultern. „Ich weiß nicht“, sagt er ratlos. „So hat sie sich eigentlich noch nie benommen. Manchmal bekommt sie Angst wie früher und rast los. Oft ist sie unsicher und schaut sich nach Krümel um. Aber störrisch? Das passt eigentlich nicht.“

Hanna mustert die Stute von oben bis unten.

Sie streicht ihr über die Nüstern und fährt über Hals, Widerrist und Bauch. „Sie sieht ein bisschen aufgebläht aus“, sagt sie. „Hat sie ihr Futter schon gefressen?“

Tim denkt nach. „Jetzt, wo du es sagst …“, beginnt er zweifelnd. „Nein, ich glaube nicht.“ Er wird blass. „Es lag alles noch im Futtertrog, als hätte sie es nicht angerührt“, sagt er bestürzt. „Sonst kann sie es doch nicht abwarten, ihren Hafer in sich hineinzuschlingen.“

Klara treibt Krümel näher heran, während Lou und die anderen ihre Pferde zum Schritt durchparieren. Nur Frau Sandrin achtet nicht auf die Kinder und galoppiert weiter.

„Ist mit Hexe etwas nicht in Ordnung?“, fragt Klara.

Hanna zuckt mit den Schultern. „Ich weiß nicht recht“, erwidert sie. „Eigentlich sieht sie ganz normal aus. Aber wenn sie nicht gefressen hat …“

Plötzlich zerrt Frau Sandrin an Mondenscheins Zügeln. Mit einem erschrockenen Schnauben bleibt der Wallach stehen. „Das sieht ja ein Blinder, was mit der Stute los ist!“

Ihre schrille Stimme tönt durch die ganze Halle. Krümel macht erschrocken einen Satz zur Seite. Klara könnte schwören, dass er sich am liebsten die Ohren zugehalten hätte. Leider haben Pferde, die viel geräuschempfindlicher sind als Menschen, keine Hände, um sich vor Lärm zu schützen.

„Das Tier ist vergiftet!", kreischt Frau Sandrin weiter. „Ich weiß es."

Hanna richtet sich auf und runzelt die Stirn. „Was soll, bitte schön, mit dem Tier sein?" Klara hört, dass sich ihre Reitlehrerin nur mühsam beherrscht.

„Es ist vergiftet. Mit Herbstzeitlosen! Im Heu!"

Klara versteht nur Bahnhof. Was meint die Frau?

Frau Sandrin keucht vor Aufregung. „Mondenschein hatte letzte Woche eine schlimme Kolik. Fast wäre er gestorben. Ich habe gleich vermutet, dass es die Herbstzeitlosen sind."

Klara schaut sich um. Sie sieht Lou ins Gesicht, die nur mit den Schultern zuckt und mit der Hand eine eindeutige Geste macht. Verrückt geworden, soll das heißen. Jella, Anna und Jakob nicken dazu. Nur Tim achtet nicht auf die anderen. Er streichelt besorgt Hexe.

Hannas Stimme klingt, als ob sie mit einem der Voltigierkinder redet, die im Durchschnitt vier Jahre alt sind. „Frau Sandrin, ich habe es Ihnen schon mehrmals erklärt. Wenn im Heu überhaupt etwas von diesen Pflanzen sein sollte, was ich bezweifle, dann in einer so geringen Menge, dass es für Pferde ungefährlich ist. Herr Wedel überprüft das Heu, das er einkauft, sehr sorgsam. Und was Ihr Mondenschein letzte Woche hatte, war mit Sicherheit keine Kolik. Er hat sich, nun ja, ein wenig überfressen an dem teuren Spezialfutter, das Sie ihm immer geben. Er hatte vielleicht leichtes Magengrimmen. Sie selbst haben doch gehört, was der Tierarzt gesagt hat."

Frau Sandrin achtet nicht auf die Reitlehrerin. „Ich weiß, was ich weiß." Damit springt sie von Mondenschein und zerrt das verschwitzte Pferd aus der Halle in die Eiseskälte nach draußen. Klara schüttelt den Kopf. Was für eine verantwortungslose Pferdebesitzerin! Statt hier herumzuschimpfen, sollte sie lieber dafür sorgen, dass sich Mondenschein nicht erkältet!

Bevor Frau Sandrin jedoch in Richtung Stall verschwindet, dreht sie sich noch einmal um. „Ich warne Sie, Hanna. Glauben Sie nicht, dass ich das auf sich beruhen lasse!“

Hanna starrt der dicklichen Blondine hinterher. Dann seufzt sie auf und wendet sich den Kindern zu. Sie blickt in ihre fragenden Gesichter und lächelt. „Achtet nicht auf sie“, sagt sie, aber Klara findet, dass ihre Stimme nicht so fröhlich klingt wie zuvor. „Sie hat mich mal wieder auf dem Kieker.“

„Aber was ist das mit der Vergiftung?“, fragt Tim besorgt.

„Hexe mag es vielleicht nicht so gut gehen. Aber vergiftet ist sie nicht“, sagt Hanna entschieden. „Das kannst du mir glauben. Weder mit Herbstzeitlosen noch mit irgendwelchen anderen Pflanzen.“

„Was sind denn überhaupt Herbstzeitlose?“, meldet sich Jakob zu Wort.

„Die Herbstzeitlose ist eine giftige Pflanze, die auf manchen Wiesen wächst. Wenn der Bauer das Gras mäht und daraus Heu macht, kommt es vor, dass diese Pflanze dazwischen gerät. In hoher Menge sind die Pflanzen tatsächlich für Pferde gefährlich. Aber Herr Wedel überprüft das Heu immer, bevor er es einlagert. Kein Anlass zur Sorge!“

Hanna wischt mit der Hand durch die Luft, wie um Frau Sandrins Aussage zu löschen. Doch Klara sieht, dass sie sich nicht wohl in ihrer Haut fühlt. Herr Wedel ist für ein paar Tage verreist und Hanna hat die alleinige Verantwortung für den Reitstall.

Sie strafft ihre Schultern. „Wir schauen mal, ob Hexe sich weiter seltsam benimmt. Wenn sie am Ende der Stunde noch immer so merkwürdig ist, hole ich den Tierarzt.“

Vielleicht liegt es daran, dass Hexe den Tierarzt nicht leiden kann. Jedenfalls benimmt sie sich für den Rest der Stunde vorbildlich. Sie überspringt zwei Hindernisse mit Leichtigkeit. Alle Bahnfiguren, die Hanna vorgibt, führt sie eifrig aus. Und als Tim sie in die Box zurückführt, stürzt sie sich auf das Futter, als gäbe es kein Morgen.

Tim lehnt neben Klara über der Boxenwand. Er sieht erleichtert aus. „Wenn die vergiftet ist, fresse ich eine Heugabel“, sagt er.

Klara nickt. „Oder vielleicht eine Herbstzeitlose“, schlägt sie kichernd vor.

Es knallt gewaltig!

„Wollen wir noch bei der Erwachsenen-Reitstunde zuschauen?“ Lou kommt aus Lakritz’ Box. Sie trägt das Sattelzeug über dem Arm, das sie ihrem Pony gerade abgenommen hat. „Hanna springt heute mit Herrn Wedels Hengst. Vielleicht können wir uns noch etwas für unsere Hufeisen-Prüfung abschauen.“

Tim und Klara nicken begeistert. Klara wirft Krümel eine Kusshand zum Abschied zu, doch ihr Pony beachtet sie gar nicht. Einträchtig steht er neben Hexe vor einem dicken Heuhaufen.

Gemeinsam bringen sie ihre Sättel und Trensen in die Sattelkammer und machen sich dann auf den Weg zur Reithalle.

Auf der Zuschauertribüne warten schon Jella und Anna. Jakob ist bereits von seinen Eltern abgeholt worden. Jella hat eine alte Pferdedecke über die Beine gelegt, um sich vor der Kälte zu schützen. Lou und Klara machen es ihr nach.

„Reite mit Cliff noch einmal an und treib ihn vor dem Sprung vorwärts!“, tönt die Stimme des Reitlehrers durch die Halle. Er kommt einmal die Woche aus Hamburg, um die Springstunde zu leiten. „Dann kann er nicht vor dem Hindernis stehen bleiben.“

Klara lacht leise. „Wenn Cliff da nicht anderer Meinung ist“, unkt sie.

Der schwarze Trakehner gehört Petra. Im Gegensatz zu einigen anderen Erwachsenen auf dem Hof ist sie immer nett zu den Kindern. Einmal haben sie zusammen sogar ein richtiges Abenteuer erlebt, bei dem Cliff mitten im Wald davongerannt ist. Aber glücklicherweise ist damals alles gut ausgegangen.

Jetzt jedoch ist Petra alles andere als glücklich. Sie runzelt die Stirn und nimmt noch einmal Maß. Dann lässt sie den Trakehner angaloppieren und lenkt ihn auf das Hindernis zu. Klara drückt fest die Daumen. Für sich zählt sie die Galoppsprünge mit. „Drei, zwei, eins … Und hopp!“, entfährt es ihr. Tatsächlich: Diesmal hat sich der Wallach dazu entschieden zu springen. Nach dem Sprung zieht er noch einmal mächtig

an und nimmt das nächste Hindernis mit einem Riesensatz.

„Bravo!“, rufen die Kinder leise und deuten ein Klatschen an.

Petra lacht und grüßt mit der Gerte zur Tribüne. Auch der Reitlehrer lobt sie.

Jetzt ist Hanna an der Reihe. Ruhig nimmt sie die Zügel auf. Der mächtige graue Hengst, auf dem die hochgewachsene Hanna ganz schmal und klein wirkt, kaut auf dem Gebiss. Sein Hals ist elegant gewölbt. Er kann es kaum erwarten, dass es endlich losgeht. Schon galoppiert Hanna an und

nähert sich dem Steilsprung. Klara hält die Luft an. Die Sätze des Hengstes sind immer spektakulär.

Plötzlich spürt sie einen kalten Zug im Nacken. Aus den Augenwinkeln sieht Klara, dass es Frau Sandrin ist, die die Tür zur Tribüne geöffnet hat und hereinkommt. Sekunden später knallt es wie ein Peitschenhieb durch die Halle.

Frau Sandrin hat die Tür zufallen lassen! Dabei steht draußen extra ein Warnschild.

Doch nun ist es zu spät. Der Hengst, der gerade in vollem Tempo das Hindernis erreicht hat, reißt den Kopf hoch und steigt vor Schreck. Die riesigen Vorderbeine wirbeln gefährlich lange in der Luft.

Klara spürt ihren Herzschlag bis in den Hals. Wenn der Hengst jetzt herunterkommt, landet er mit den Vorderbeinen genau zwischen den Stangen!

Hanna hat sich auf den Hals des Pferdes geworfen, um nicht aus dem Sattel zu gleiten. Noch in der Luft lenkt sie den Hengst leicht nach rechts. Und tatsächlich: Der Hengst kommt mit den Vorderhufen sicher auf dem Boden auf. Die Stangen hat er um Haaresbreite verfehlt. Hanna, die ein wenig blass um die Nasenspitze ist, tätschelt ihm beruhigend den Hals.

Das Gesicht des Reitlehrers hat sich zornig verzogen. Doch seine Stimme klingt sehr ruhig. „Ausgezeichnet gelöst, Hanna!“, lobt er. „Das hätte leicht schiefgehen können.“ Dann erst wirft er einen bitterbösen Blick auf die Tribüne. Auch die Kinder sehen sich wütend nach der Ruhestörerin um. Doch Frau Sandrin hat gar nicht mitbekommen, in welche Gefahr sie die Reiterin durch ihre Nachlässigkeit gebracht hat.

Sie sitzt auf einer der rückwärtigen Bänke der Tribüne und redet auf eine Pferdebesitzerin ein, die ebenfalls der Reitstunde zuschaut.

„Ich sage Ihnen“, hört Klara sie zischen, „kein Verantwortungsgefühl, diese Hanna. Herbstzeitlose im Heu. Ich bitte Sie! Ich bin doch nicht irgendwer! Ich unterrichte Biologie! Mir kann man nichts vormachen.“

Ja, leider, denkt Klara verbittert. Dir und allen anderen Besserwissern dieser Welt nicht.

Sie will schon zu einer Erwiderung ansetzen, als Tim seine Hand auf ihren Arm legt. „Psst“, flüstert er ihr ins Ohr. „Wenn wir uns jetzt mit ihr anlegen, ist Hanna wieder schuld. Dann heißt es, sie hätte ihre Kinder nicht im Griff.“ Er betont das Wort Kinder besonders ätzend.

Klara nickt. Tim hat recht. Aber ihre Fäuste ballt sie trotzdem wütend zusammen.

„Meiner Käthe ging es letzte Woche auch nicht so gut“, sagt die andere Pferdebesitzerin nachdenklich. Die Freunde kennen sie, sie leitet den therapeutischen Reitunterricht. Ihr Haflinger Käthe ist eins der gutmütigsten Pferde im Stall. „Aber ich glaube, dass eines der Therapie-Kinder ihr nur mal wieder etwas zu viele Leckerlis zugesteckt hat."

„Oh nein!" Frau Sandrin kreischt schon wieder auf. „Das muss eine Kolik gewesen sein, wie bei meinem Mondenschein. Das ist der Beweis! Es sind bestimmt Herbstzeitlose im Heu." Triumphierend streckt sie ihren Zeigefinger aus und deutet anklagend auf Hanna.

Dem Reitlehrer wird es zu bunt. Er baut sich vor der Tribüne auf und legt die Hände in die Hüften. „Dürfte ich um Ruhe bitten?", sagt er streng. „Wir trainieren hier Pferde und keine Maschinen. Und Lebewesen können nun mal erschrecken."

„Das brauchen Sie mir nicht zu sagen", erwidert Frau Sandrin spitz und erhebt sich. „Diese Kinder", sie deutet auf die fünf Freunde, „haben vorhin Mondenschein einen derartigen Schrecken eingejagt, dass er zu nichts mehr zu gebrauchen war."

Damit dreht sie sich beleidigt um und stapft zur Tür.

Doch Tim ist schneller als sie. Wie der Blitz ist er an ihr vorbei. Er öffnet die Tür, hält sie auf und verbeugt sich tief, als Frau Sandrin an ihm vorbeirauscht. „Gnädigste“, sagt er unterwürfig. „Ich finde, Sie haben einen Knall.“

Frau Sandrin fährt herum. „Was hast du da eben gesagt?“, faucht sie.

Auch die Reittherapeutin hat sich erhoben. „Hören Sie wohl schlecht?“, erkundigt sie sich besorgt und zwinkert den Freunden zu. „Er befürchtet doch nur, dass die Tür wieder zuknallt.“

Frau Sandrin macht ein empörtes Gesicht. Aber als alle sie nur unschuldig anlächeln, rauscht sie ohne ein weiteres Wort hinaus.

Tim schließt die Tür betont leise. Triumphierend grinst er von einem Ohr zum andern.

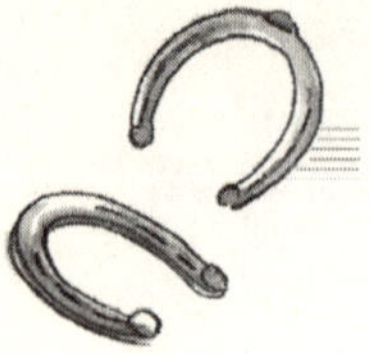

Pannenhilfe für Paps

Es ist schon stockdunkel, als Klara nach Hause kommt. Glücklicherweise hat es letzte Nacht getaut und der Schnee vor der Einfahrt ist fast von selbst weggeschmolzen. Schneeschippen hätte ihr jetzt gerade noch gefehlt. Nach der Stunde in der zugigen Reithalle ist ihr eiskalt.

Müde begrüßt sie Zaster. Ihr Hund schaut ein wenig empört aus dem Einkaufskorb heraus, der im Flur steht. Offensichtlich stört es ihn, dass sein bevorzugter Schlafplatz nicht an seinem üblichen Platz in der Küche steht.

„Geschieht ihm recht", sagt Paps, der zu Klara in den Flur tritt und ihr einen Kuss auf die Stirn drückt. „Vielleicht lernt er dann wenigstens, dass er ein eigenes Hundekörbchen hat."

„Was macht die Küche?", erkundigt sich Klara vorsichtig. „Irgendeine Chance auf Abendessen?" Sie hatte sich zur Sicherheit heute Mittag bei Annas Mutter zum Essen eingeladen. Aber trotzdem knurrt ihr Magen nach den vielen Stunden im Reitstall vernehmlich.

„Aber klar doch!“ Paps führt sie in die Küche. Stolz zeigt er auf den plastikbedeckten Esstisch, auf dem drei riesige Teller mit belegten Broten warten.

Doch Klara hat plötzlich keinen Appetit mehr. Mit großen Augen schaut sie sich um. Paps hat es anscheinend auch ohne ihre Hilfe geschafft, die Küche zu streichen. Und er hat ganze Arbeit geleistet. Die Wände erstrahlen in einem saftigen Grün!

„Paps …“, stammelt Klara hilflos. „Unsere Küche ist doch keine Wiese!“

Sie lässt sich auf einen Stuhl sinken. Aber das hätte sie besser nicht tun sollen. Denn mit lautem Getöse bricht der Stuhl unter ihr zusammen. Klara sitzt auf dem Hosenboden.

Zaster steckt seinen Kopf durch die Tür, doch er zieht ihn sofort wieder zurück. Siehst du, scheint er zu denken. Deswegen bin ich in den Flur umgezogen!

Paps greift sich an die Stirn. „Wie konnte denn das passieren?“, fragt er erschrocken und hilft seiner Tochter auf. „Ich habe die Stühle genau nach Anleitung aufgebaut. Fast fünf Stunden habe ich dafür gebraucht." Er legt den Kopf schräg. „Allerdings hatte ich hinterher noch die Hälfte aller Schrauben übrig. Meinst du, ich habe irgendetwas falsch gemacht?"

„Irgendetwas?", stöhnt es da. Unbemerkt hat sich Onkel Rosi genähert. „Wahrscheinlich alles!"

Klara greift sich an den Mund, um nicht laut loszukichern. Rosi hat sich einen gelben Regenmantel übergezogen, anscheinend um seine feinen Klamotten in der schmutzigen Küche nicht dreckig zu machen. Dabei lugen unter dem Mantel nicht mehr Schlips und Anzug hervor, sondern sein Freizeitdress, der aus einer Bundfaltenhose und einem Pullunder besteht. Dazu trägt er normalerweise eine Baseballkappe, weil er glaubt, dass sie ihn jugendlicher macht. Heute jedoch hat er einen Südwester aufgesetzt, einen breitkrempigen gelben Regenhut.

„Hast du Angst, dass Farbe von der Decke tropft, Bruderherz?", zieht ihn Paps auf.

Rosi setzt gerade zu einer Antwort an, als Maxi

ihren Kopf durch die Tür steckt. Prompt prustet sie los. „Farbe auf dem Hut würde sich hübsch machen“, kichert sie. „Grün auf Gelb – das passt doch wunderbar.“

„Lacht ihr nur“, sagt Rosi würdevoll und nimmt sich vorsichtig ein belegtes Brot vom Teller. „Ich habe den Spott. Aber ihr den Schaden.“

„Schadhaft sind hier nur die Stühle“, wirft Klara ein, und wieder kichern die beiden Cousinen los, bis sie sich nicht mehr halten können und japsend auf dem Boden zusammenbrechen.

Klara wischt sich die Lachtränen aus den Augen. Sie ist froh, dass es ihrer Cousine nach der Geschichte mit ihrer Mutter wieder besser geht.

Paps reicht jeder eine Hand und zieht die Mädchen mit einem Ruck hoch. „Wenn ihr meine grüne Küche nicht mögt“, neckt er sie, „esse ich meine Sandwiches wohl lieber alleine.“

„Untersteh dich!“, rufen die Cousinen gemeinsam und machen sich mit den beiden Brüdern heißhungrig über die Brote her. Innerhalb von fünf Minuten ist alles vertilgt.

Klara stellt die Teller zusammen. „Soll ich dir noch helfen, Paps?“, erkundigt sie sich und schaut sich zweifelnd in der Küche um.

„Nein“, erwidert er und kratzt sich am Hals. „Wir lassen das mal lieber trocknen. Vielleicht wird es dann ein wenig heller?“

Rosi nickt, aber man sieht, dass er nicht recht daran glaubt. Zweifelnd tritt er näher an eine Wand, um das fleckige Grün zu mustern.

Hastig lenkt Paps ab. „Ab ins Wohnzimmer!“, ruft er laut und klatscht in die Hände. „Dort wartet der Nachtisch.“

„Darf ich meinen mit hochnehmen?“, bittet Maxi. „Ich muss Mathe machen!“

„Selbstverständlich. Äh, und … Maxi?“, sagt Rosi. Er beißt sich auf die Lippen und Klara muss ein Grinsen unterdrücken. Früher hat Rosi immer für Maxi und Klara die Mathehausaufgaben gemacht. Er war begierig darauf, von den Lehrern ein Lob dafür einzuheimsen. Nachdem Klara und Maxi dann jedoch eine Mathearbeit nach der anderen vergeigt haben, hat Paps dem Ganzen einen Riegel vorgeschoben.

Doch diesmal hat sich Klara getäuscht. Rosi geht es nicht um die Mathematikaufgaben. Sondern um etwas ganz anderes.

„Was ich noch sagen wollte …“, beginnt er und nimmt verlegen den Südwester vom Kopf. „Könntest du … würdest du …“

Maxi, die schon auf der Treppe ist, dreht sich ungeduldig herum. „Spuck's aus, Papa!“, sagt sie und streicht sich eine Haarlocke aus der Stirn.

Rosi blickt tapfer hoch. „Du solltest deiner Mutter zurückschreiben. Nur dass sie eine Antwort hat“, sagt er.

Maxi funkelt ihn an. „Das ist doch wohl nicht dein Ernst“, faucht sie. „Das kannst du dir abschminken!“ Sie rennt die Treppen hinauf.

Der Lärm, mit dem sie ihre Zimmertür zuknallt, hätte selbst Frau Sandrin zur Ehre gereicht.

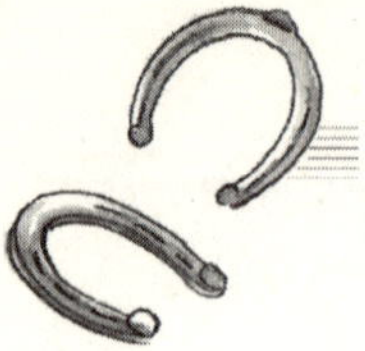

Post ist da!

Klara sitzt an ihrem Schreibtisch und kaut auf ihrem Bleistift. Ihr ist langweilig. Eigentlich müsste sie Hausaufgaben machen. Aber sie kann sich nicht dazu aufraffen, das Deutschheft aufzuklappen. Sie strubbelt sich durch die Haare und sieht nachdenklich nach draußen. Im Schein der Straßenlaterne wirbeln grau-weiße Schneeflocken an ihrem Fenster vorbei und landen nass auf ihrem Balkongitter. Dort tropfen sie traurig auf den Boden.

Klara fährt zusammen. Ein grunzender Laut tönt von ihrem Bett. Zaster hat es sich auf ihrem Kopfkissen gemütlich gemacht. Im Tiefschlaf liegt er auf dem Rücken, streckt alle viere in die Höhe und schnarcht zum Gotterbarmen.

Seine Pfoten zucken in der Luft. Klara lächelt. Wahrscheinlich jagt Zaster im Traum kleine Mäuschen.

Zögerlich sieht sie auf das Deutschheft vor

ihr. Sie hat so gar keine Lust auf die Aufgaben. Könnte sie nicht vorher noch etwas Wichtigeres erledigen? Etwas, das nicht so langweilig ist?

Ihre Gedanken wandern zum Reitstall. Die arme Hanna. Wie schlimm muss es sein, von Frau Sandrin drangsaliert zu werden! Dabei weiß jeder, dass niemand so gewissenhaft ist wie Hanna. Und das ausgerechnet, wenn Herr Wedel nicht da ist.

Überhaupt, wie kommt Frau Sandrin auf eine so bescheuerte Idee, dass Hanna Pferde vergiftet? Noch dazu mit einer Pflanze mit dem seltsamen Namen Herbstzeitlose. Klara stützt ihren Kopf in die Hände. Wie, überlegt sie, kommen Pflanzen eigentlich zu ihren Namen?

Plötzlich fährt sie hoch. Jetzt weiß sie, wie sie noch eine Weile um die Deutschaufgaben herumkommt! Und dazu etwas Nützliches tut! Sie wird im Internet nach der Pflanze suchen, von der Frau Sandrin behauptet, dass sie die Pferde vergiftet. Vielleicht findet sie eine Abbildung und kann nachweisen, dass mit dem Heu alles in Ordnung ist? Damit würde Hanna von jedem Verdacht befreit.

Entschlossen springt Klara auf und fegt ihr Deutschheft beiseite.

Plötzlich ist alle Müdigkeit von ihr abgefallen.

Zaster, der selbst im Tiefschlaf wittert, wenn irgendetwas im Raum passiert, macht ein Auge auf. Als er Klara vor dem Bett stehen sieht, springt er hoch. Hab ich was verpasst?, scheint er zu fragen und wedelt mit dem Schwanz.

„Keine Sorge, Zaster", sagt Klara und lacht. „Du bist noch rechtzeitig wach geworden."

Sie geht über den Flur ins Arbeitszimmer nebenan. Die ganze Familie benutzt den Computer dort – nur Paps hat für seine Arbeit ein eigenes Zimmer unter dem Dach, wo auch sein Laptop steht.

Klara fährt das Betriebssystem hoch. Automatisch erscheint auf dem Bildschirm die Internet-Suchseite und das E-Mail-Programm. Klara wartet ab, bis die Verbindung hergestellt ist. Dann tippt sie das Wort „Herbstzeitlose" in die Suchmaske. Während sie auf die Ergebnisse wartet, hüpft plötzlich ein Zeichentrickhund mit einem Briefumschlag über den Bildschirm. Er sieht Zaster zum Verwechseln ähnlich.

„Post ist da!“, steht auf dem Umschlag geschrieben. Klara grinst. Ein Arbeitskollege von Paps hat den Hund für Klara und Maxi programmiert, als sie den Computer bekommen haben.

Neugierig wechselt sie zum E-Mail-Programm. Es ist eine Mail für Maxi. Von einem Rasmus!

Klaras Grinsen wird breiter. Wer ist wohl Rasmus? Zu gerne würde sie jetzt die Mail öffnen. Aber sie hat sich mit ihrem Namen an dem Computer angemeldet. Wenn die Mail als bereits gelesen markiert wäre, würde Maxi nicht lange brauchen, um herauszubekommen, wer hier ihre Liebespost liest.

Klara will gerade wieder das Programm schließen, als ihr Blick auf die E-Mail von Maxis Mutter fällt, die ihrer Cousine so viel Kummer bereitet hat. Sie klickt sich in den Text. Wieder klumpt sich die Wut in ihr zusammen wie ein kleiner heißer Ball. Wie kann man nur so herzlos sein!

„Vielleicht hast du Lust, ab und zu auf Benni aufzupassen, wenn wir essen gehen?“, liest sie laut vom Bildschirm ab. Was für eine Frechheit! Wahrscheinlich hat Tante Svenja Maxi nur eingeladen, um ein billiges Kindermädchen zu haben.

Klara erinnert sich gut an ihre Tante Svenja. Die meiste Zeit ihres Tages hat sie im Büro verbracht, aber wenn sie nach Hause kam, musste jeder nach ihrer Pfeife tanzen. Mit Maxi und Klara war sie immer ein wenig ungeduldig, so, als wüsste sie nicht richtig, was sie mit ihnen anfangen sollte.

Vielleicht schreibt sie Maxi auch nur, um ihr schlechtes Gewissen zu beruhigen?, denkt Klara zornig. In Wirklichkeit ist sie froh, dass sie ihre Tochter vom Hals hat. Klara sieht wieder ihre weinende Cousine vor sich und Rosi, der hilflos versucht, sie zu trösten. Wie von selbst bewegen sich Klaras Finger. Sie drückt auf den Antwort-Knopf.

„Hallo, Svenja“, schreibt sie. Zu „Tante Svenja“ hat sie sich noch nie durchringen können. „Mir ist gerade danach, dir mal richtig die Meinung zu sagen. Ich finde dich herzlos und grausam. Außerdem bist du dumm, weil du nicht merkst, dass wir dich durchschauen. Deine Tochter lädst du nur ein, um kurz vorher wieder abzusagen. Mit einer bescheuerten Ausrede. Für dich ist ein ganzes Lexikon voller Schimpfwörter noch viel zu wenig. Meld dich ja nie wieder hier! Wir brauchen dich nicht. PS: Ich fand schon immer, dass deine Haare ganz, ganz affig aussehen.“

Klara atmet tief durch und legt die Hände in den Nacken. Das hat gut getan! Es macht richtig Spaß, sich den Zorn von der Seele zu schreiben. Sie überfliegt ihre E-Mail. Am liebsten würde sie ihre Schimpftirade jetzt abschicken. Aber sie weiß, dass sie damit nur alles schlimmer machen würde. Svenja würde ausrasten! Und Paps und Rosi wahrscheinlich gleich mit dazu.

Sie seufzt und wendet sich wieder dem Internet zu. Inzwischen ist eine ganze Liste von Einträgen zu verschiedenen Pflanzenarten erschienen. Herbstzeitlose sind auch darunter.

Klara klickt gerade auf den ersten Eintrag, als sie an ihrem Schuh einen kleinen Ruck verspürt. Zaster, der es sich zu ihren Füßen bequem gemacht hat, ist anscheinend langweilig geworden. Versuchsweise zieht er an ihren Schnürsenkeln. „Lass das, Zaster", murmelt sie abwesend und überfliegt den Text. „Die Herbstzeitlose ist eine mehrjährige Pflanze und gehört zur Familie der Zeitlosengewächse. Sie stammt ursprünglich aus Westasien."

Aha. Interessant, denkt Klara. Wenn auch nicht hilfreich. Sie schließt das Fenster und probiert es mit dem zweiten Eintrag. „Die Herbstzeitlose heißt so, weil sie nicht wie andere Pflanzen im Frühjahr blüht, sondern im Herbst." Klara überspringt die nächsten Zeilen, die vor Fremdwörtern nur so wimmeln. Doch dann stutzt sie. „Die Pflanze gehört zu den gefährlichsten Giftpflanzen auf Weideflächen", liest sie. „Sie ist auch dann noch giftig, wenn sie getrocknet im Heu vorkommt."

Klara ist plötzlich ganz heiß. Wie soll sie damit Hanna helfen? Wenn Frau Sandrin recht haben sollte, sind die Pferde wirklich in Gefahr.

Auf der Seite gibt es einige Abbildungen der Pflanze. Klara findet, dass sie ein bisschen wie ein Krokus aussieht. Sie will gerade weitersuchen, als der Zeichentrickhund abermals über das Bild läuft: Post ist da!

Diesmal ist die E-Mail für Klara. Es ist Anna, die schreibt. „Wollen wir morgen nach dem Reitunterricht zusammen Theorie fürs Große Hufeisen lernen?“, liest Klara. „Ich habe schon Tim gefragt. Er ist dabei.“

Klara nickt. „Ja!“, schreibt sie zurück. „Gemeinsam macht Büffeln viel mehr Spaß. Außerdem sollten wir uns überlegen, ob wir Hanna irgendwie helfen können. Surfe gerade im Internet, um Näheres über Herbstzeitlose herauszubekommen. Ich bringe am besten die ausgedruckten Seiten mit. Bis morgen, Klara.“

Zaster hat inzwischen genug von dem Spiel mit den Schnürsenkeln. Er springt mit den Vorderpfoten auf Klaras Knie und bellt ihr ins Gesicht. Hast du mich vergessen?, soll das bedeuten.

Klara streicht ihm über den Kopf. „Ich gehe gleich noch mit dir spazieren“, beruhigt sie ihn. „Ich will nur die E-Mail an Anna abschicken.“

Sie drückt auf den Postausgang: *E-Mail versenden.*

Danach legt sie Papier in den Drucker und druckt die wichtigsten Internet-Seiten über die Giftpflanze aus. Die wird sie morgen mit in den Reitstall nehmen.

Als das Summen des Druckers verstummt ist, schaltet Klara den Computer aus. Schwungvoll dreht sie sich mit dem Drehstuhl um. „Los geht's, Zaster", sagt sie, bevor sie theatralisch aufseufzt. „Und Deutsch werde ich wirklich, ehrlich, versprochen am Wochenende machen!"

Zaster wedelt mit dem Schwanz. Er scheint ihr aufs Wort zu glauben.

Klara ist schon an der Tür, als ihr plötzlich siedend heiß etwas einfällt.

Sie hat vergessen, die E-Mail an Tante Svenja zu löschen!

Aber nicht nur das. Vor lauter Schreck muss sie sich wieder hinsetzen.

Als sie die Mail für Anna abschickte, hat der Computer automatisch alle Mails im System mitgeschickt. Tante Svenja wird inzwischen Post haben. Von Klara.

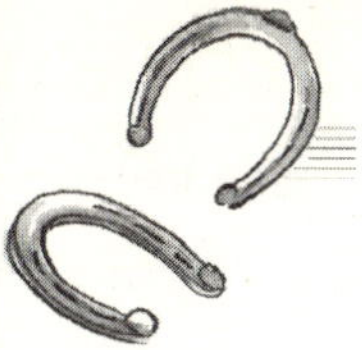

Lästerziege

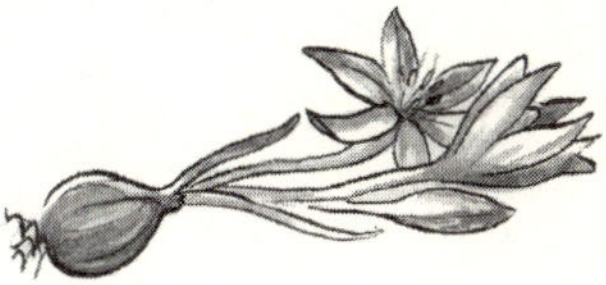

„Beine lang, Klara!“, tönt es durch die Reithalle. Klara steckt die Zungenspitze zwischen die Zähne und bemüht sich, ihre Beine noch ein bisschen tiefer sinken zu lassen. Es ist schwer, sich zu konzentrieren, nachdem sie schon den ganzen Morgen über in der Schule gegrübelt hat, ob sie Paps von der E-Mail an Tante Svenja erzählen soll oder nicht. Aber als mittags weder eine wütende Antwort-E-Mail noch ein Anruf gekommen war, hat sie es vorsichtshalber bleiben lassen.

„Denk an deine Beine!“, mahnt Hanna.

Klara nickt. Hanna hat gut reden. Die Kunst ist, die Beine nicht angestrengt nach unten zu strecken, sondern locker fallen zu lassen.

Krümel kaut auf dem Gebiss. Er scheint ausgesprochen zufrieden mit sich und der Welt zu sein, nachdem er am Anfang der Reitstunde eine kleine Demonstration seines artistischen

Könnens hingelegt und ein bisschen gebuckelt hat. Nur ganz leicht, hinten hoch, dann vorne hoch und wieder hinten. Alles recht vorsichtig, schließlich gibt man sich ja alle Mühe, seinen Reiter nicht zu verlieren.

„Was treibt ihr denn da?", hat sich Hanna amüsiert erkundigt und die Hände in die Seiten gestemmt. „Wollt ihr das Große Hufeisen machen oder lieber an einem Rodeo teilnehmen?"

Jetzt, eine halbe Stunde später, ist der Spuk vorbei. Krümel geht unter Klara wie ein Uhrwerk und sie ist heilfroh darüber. Das Wichtigste bei der Prüfung ist, dass man sein Pony beherrscht. Es muss stets dem Reiter folgen und nicht das machen, was ihm gerade einfällt.

„Tim", sagt Hanna gerade verzweifelt. „Wie kann ich dir bloß beibringen, dass man die Hände aufrecht hinstellt und nicht flach auf dem Mähnenkamm abstützt?" Sie legt die Stirn nachdenklich in Falten. Plötzlich hellt sich ihre Miene auf. „Ich hab's!", ruft sie triumphierend. „Am besten stellst du dir vor, du hättest in jeder Hand ein Glas Apfelsaft. Du darfst nichts verschütten!"

Tim zieht ein Gesicht. „Muss es ausgerechnet Apfelsaft sein?“, mault er. „Ich mag eigentlich lieber Cola.“

„Meinetwegen auch gern Cola“, sagt Hanna. „Hauptsache, du denkst daran, deine Hände aufrecht zu halten.“

Dann wendet sie sich Klara zu. Sie mustert ihre Schülerin von Kopf bis Fuß. „Trab mal bitte an, Klara!“, ruft sie. Klara treibt Krümel an. Gehorsam fällt er in einen flüssigen Trab.

„Und jetzt Galopp!“

Klara legt den äußeren Schenkel zurück und Krümel galoppiert an. Klara bemüht sich, möglichst tief im Sattel zu sitzen. Tritt für Tritt, sagt Hanna immer. Klara spürt, wie sie den perfekten Rhythmus findet. Plötzlich holpert es nicht mehr. Krümels Sprünge werden ganz rund und elegant.

„Bravo!“, lobt Hanna prompt. Sie wendet sich an die anderen Schüler. „So sollte es aussehen“, sagt sie. „Den Blick nach vorn. Locker mit dem Oberkörper mitschwingen. Und Spaß haben. Das ist das Wichtigste. Seht ihr, das merkt man Klara und Krümel auch an.“

Klara pariert den Connemarawallach sanft durch. Sie könnte platzen vor Stolz. Die E-Mail an Svenja ist vergessen.

Sie klopft Krümel gerade den Hals, als sie von der Tribüne, an der sie gerade vorbeireitet, eine Stimme hört. „Also, ich habe es ja schon immer gesagt!“, tönt es vernehmlich. „Der Unterricht, der hier gegeben wird, ist miserabel. Spaß haben! Pah! Reiten ist eine ernsthafte Angelegenheit. Es könnte den Kindern gar nicht schaden, das schon frühzeitig zu lernen.“

Klara greift die Zügel nach. Sie hat den ätzenden Tonfall sofort erkannt. Es ist Frau Sandrin, die sich auf der Tribüne über Hanna und ihre Reitschüler auslässt. Aber Klara wird gar nicht darauf achten, was Frau Sandrin sagt.

„Klara!“ Hanna hat offensichtlich nicht mitbekommen, was sich auf der Tribüne abspielt. „Probier doch mal eine Schlangenlinie durch die Bahn. Vielleicht im Trab?“

Klara nickt. Sie konzentriert sich und trabt an. An einem der weißen Buchstaben, die an der Reitbahn angebracht sind, biegt sie ab und reitet schnurstracks auf die gegenüberliegende Seite der Bahn. Als sie dort wieder auf den Hufschlag einbiegt, achtet sie darauf, dass Krümels Kopf korrekt nach rechts gerichtet ist.

„Da sieh sich das mal einer an“, hört sie Frau Sandrin zischen. „Völlig falsch. Da fehlt doch der Bogen!“

Klara erschrickt. Hat sie es falsch gemacht? Früher hat man die Schlangenlinie wie ein S geritten, doch nach der neuen Regel muss man streng geradeaus reiten. Oder ist es umgekehrt gewesen? Plötzlich wird sie unsicher.

Krümel scheint ihre Verwirrung zu spüren. Er stutzt und biegt im letzten Moment in die falsche Richtung ab.

„Was macht ihr denn da?“, schallt es auch schon von Hanna herüber. „Klara, links geht es weiter, nicht rechts. Hast du den Faden verloren?“

Klara schüttelt verbissen den Kopf. Mist! Eben lief es noch so gut und jetzt das. Sie lenkt Krümel noch einmal um die ganze Bahn, bis sie wieder ihren Ausgangspunkt gefunden hat, und beginnt von vorn. Diesmal macht sie alles richtig. Doch kaum ist sie unter der Tribüne, hört sie Frau Sandrin schon wieder. „Und wie das Mädchen da auf dem Falben sitzt! Wie ein Affe auf der Schaukel. Nun, Hanna hat ja selbst einen katastrophalen Sitz. Wie soll *sie* den Kindern etwas beibringen?“

Klara ballt vor Wut die Fäuste und beißt die Zähne zusammen. Am liebsten würde sie jetzt auf die Bühne marschieren und Frau Sandrin ihre Meinung sagen. Weder Hanna noch sie haben einen katastrophalen Sitz.

„Klara, was ist denn los mit dir?“, ruft Hanna. „Eben warst du so großartig. Aber jetzt reitest du völlig verkrampft. Das merkt Krümel sofort.“

Klara nickt verzweifelt. Hanna hat ja recht. Krümel fühlt sich unter ihr steif wie ein Brett an. Das macht es für Klara fürchterlich unbequem. Jeder Trabschritt wirft sie im Sattel hoch. „Kommt mal her zu mir“, sagt Hanna. Klara gehorcht und lenkt Krümel in die Mitte der Bahn. Ihre Lehrerin klopft Krümel den Hals. „Klara“, sagt sie. „Du musst aufpassen, dass du dir nicht zu viele Gedanken über die Prüfung machst. Sobald du aufgeregt wirst, verkrampft sich dein ganzer Sitz.“ Sie schaut das Mädchen an. „Hast du vielleicht Angst vor der Prüfung? Ist es das?“

Klara schüttelt den Kopf. Fast bricht alles heraus, was Frau Sandrin auf der Tribüne Gemeines über sie und Hanna gesagt hat.

Doch sie besinnt sich rechtzeitig. Ihre Reitlehrerin hat schon genug Sorgen. Sie wird schließlich beschuldigt, dass sie Pferde vergiftet. Herr Wedel, der ihr helfen könnte, kommt erst übermorgen wieder zurück.

Deswegen schüttelt Klara nur stumm den Kopf und treibt Krümel an.

Hanna soll nicht sehen, dass ihr Tränen der Wut in den Augen brennen.

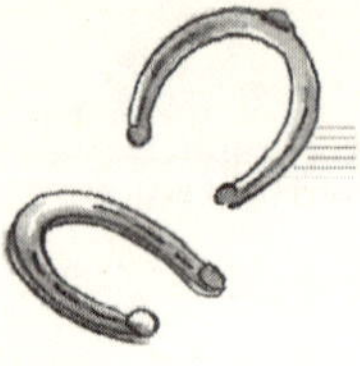

Eine schlimme Entdeckung

„Die Frau ist eine Landplage.“ Die Kinder stehen in den Boxen der Ponys. Klara hat Krümel eine Pferdedecke übergeworfen. Er hat unter seinem zotteligen Winterfell geschwitzt und ist noch ein wenig feucht. Hexe tritt erwartungsvoll einen Schritt näher. Sie liebt es, wenn Krümel seine Decke übergelegt bekommt. Dann spielt sie mit den Zähnen so lange an dem Verschluss herum, bis die Haken sich lösen. Danach zerrt sie Krümel die Decke vom Rücken und gemeinsam spielen sie dann Tauziehen.

Klara kennt das schon. Sie lehnt über der Box und betrachtet die beiden Ponys nachsichtig. Insgeheim ist sie dankbar für Hexes drolliges Ponygesicht, das sie von ihrem Kummer ablenkt.

Wie konnte sie sich nur derart von Frau Sandrin beeindrucken lassen? „Was würde die Landplage wohl sagen, wenn ihr Mondenschein so etwas anstellt?“, fragt Anna und stützt ihre Ellenbogen neben Klara auf. Auch sie sieht den spielenden Ponys zu.

„Die würde wahrscheinlich Hanna dafür verantwortlich machen“, erwidert Klara böse.

Tim kommt die Stallgasse entlang. „Du hast recht“, sagt er seufzend. „Aber wenigstens gibt es keinen neuen Vergiftungsfall mit diesen Winterlosen.“

„Herbstzeitlosen“, korrigieren Anna und Klara wie aus einem Mund.

Doch einen Moment später wissen sie, dass Tim sich leider getäuscht hat. Lou rennt zur Tür herein. Sie ist ganz atemlos. „Ich war eben drüben im Großpferdestall. Käthe, das Therapiepferd, hat wieder Bauchschmerzen. Vielleicht werden sie den Tierarzt rufen müssen, sagt Hanna. Wenigstens glaubt Käthes Besitzerin nicht, dass es am Heu liegt.“

Tim runzelt für einen Moment die Stirn und sieht besorgt zu Hexe. Sein Pony macht gerade aberwitzige Verrenkungen, um an den Verschluss an Krümels Hals heranzukommen. Eifrig schürzt es die Lippen.

„Hexe ist definitiv nicht vergiftet“, sagt Klara lachend, als sie Tims Blick sieht. „Oder es ist eine sehr, sehr merkwürdige Vergiftung.“

Jella und Jakob treten dazu. „Aber findet ihr es nicht seltsam, wie sich die Fälle von Bauchschmerzen häufen?“, fragt Jella. „Erst Mondenschein. Dann Hexe. Und Käthe gleich zweimal.“

„Innerhalb von zwei Wochen. Das geht doch nicht mit rechten Dingen zu“, fügt Jakob hinzu.

Klara schüttelt den Kopf. „Was heißt hier ‚nicht mit rechten Dingen‘? Glaubt ihr etwa auch, dass Hanna dafür verantwortlich ist?“

„Quatsch“, sagt Jella energisch. „Es ist aber leider so, dass die Tatsachen auf Frau Sandrins Seite sind.“

Lou zieht eine Augenbraue hoch. „Ach wirklich?“, fragt sie skeptisch. „Nur weil sie behauptet, dass in dem Heu giftige Pflanzen sind, muss das doch längst nicht so sein.“

„Und von wegen Tatsachen: Hexe hat ja sofort wieder normal gefressen!“, ergänzt Tim.

Jella hebt abwehrend die Hände. „Entschuldigt bitte“, faucht sie. „Ihr wollt mich wohl absichtlich falsch verstehen!“

Anna tritt dazwischen. „Jetzt mal halblang“, sagt sie beruhigend. „Wir werden uns doch nicht wegen Frau Sandrin streiten, oder? Lieber sollten wir uns überlegen, wie wir Hanna helfen können.“

Klara nickt. Sie bewundert ihre Freundin. Statt den Kopf zu verlieren, bringt Anna die Sache auf den Punkt. „Kommt mal schnell mit in die Sattelkammer“, sagt Klara auffordernd. „In meinem Rucksack habe ich ein paar Informationen über Giftpflanzen und Herbstzeitlose. Alles, was ich gestern im Internet gefunden habe.“

Sie verzieht kurz das Gesicht, weil ihr plötzlich wieder die E-Mail an Svenja einfällt. Hastig steht sie auf.

Als sie sich zur Tür wenden, hat Hexe es gerade geschafft: Der Verschluss von Krümels Decke ist offen. Begeistert nehmen die beiden Ponys jeweils einen äußeren Zipfel der Decke ins Maul und beginnen daran zu ziehen.

Klara grinst schief. Eines Tages wird die Decke zerreißen. Doch sie bringt es nicht übers Herz, den beiden den Spaß zu nehmen. Schnell folgt sie den anderen.

Im Eiltempo laufen die Freunde über den Hof durch die Kälte. Es hat wieder angefangen zu schneien und ein eisiger Wind weht. Mit roten Nasen drängen sie in die geheizte Sattelkammer und hocken sich im Schneidersitz auf den Fußboden.

Klara kramt in ihrem Rucksack und verteilt die Blätter.

Tim überfliegt seinen Text und auch Lou liest angestrengt.

Plötzlich springt Jella auf. „Ich hab's!", ruft sie aufgeregt. Sie deutet mit dem Finger auf ihr Blatt. „Hier steht ein Hinweis, den wir überprüfen können. Damit können wir Frau Sandrin beweisen, dass im Heu keine giftigen Pflanzen sind."

„Was denn?"

„Lies vor!"

„Spann uns nicht auf die Folter!"

Jella hebt lachend den Arm. „Lasst mich leben", bittet sie. Dann räuspert sie sich und sieht auf den Ausdruck. „Hier steht, dass die getrockneten Blätter der Herbstzeitlosen ganz schwarz aussehen. Als wären sie verbrannt."

Klara klatscht in die Hände. „Das heißt doch, dass wir nur das Heu untersuchen müssen, oder?", ruft sie aufgeregt.

Anna nickt. „Alle in die Scheune!", kommandiert sie. „Ich schwöre euch: Da werden wir feststellen, dass Hannas Heu keinerlei schwarze Blätter enthält."

Im Nu sind die Freunde auf dem Hof. Der Wind hat noch mehr aufgefrischt und schneidet ihnen unangenehm ins Gesicht. Klara zieht die Kapuze ihrer Jacke über den Kopf und kämpft sich voran.

Schnell haben die Freunde das schwere Scheunentor erreicht. Tim und Anna schieben es beiseite. Hintereinander schlüpfen sie in den riesigen Raum. Hier wird das Heu und das Futter für den ganzen Hof aufbewahrt. Alle zwei oder drei Tage holt Hanna für die Ställe so viele Ballen, wie sie zum Füttern braucht. Ansonsten betritt selten jemand die Scheune.

Klara kneift die Augen zusammen und saugt den Duft des würzigen Grases ein. Sie tastet nach dem Lichtschalter und es dauert etwas bis sie ihn findet. Wenig später flackern einige Glühbirnen auf und erhellen den Raum.

Tim kniet schon beim ersten Heuballen und zieht eifrig an den Schnüren, die das getrocknete Gras zusammenhalten.

„Sachte“, warnt Lou. „Sonst reißt du alles auseinander.“

Gemeinsam zupfen sie vorsichtig Lage um Lage aus dem Ballen heraus und breiten die Halme auf dem sauber gefegten Boden der Scheune aus. Da gibt es hellgrüne Halme und dunkelgrüne Halme. Und es gibt Halme, die ins Gelbliche gehen.

Die Freunde ziehen und zerren immer weiter an dem Heuballen, bis er sich schließlich doch ganz auflöst. Erst dann sehen sie sich betroffen an. Es lässt sich nicht leugnen. In dem vielen Grün sind sie deutlich erkennbar: längliche schwarze Blätter, die aussehen, als wären sie verbrannt.

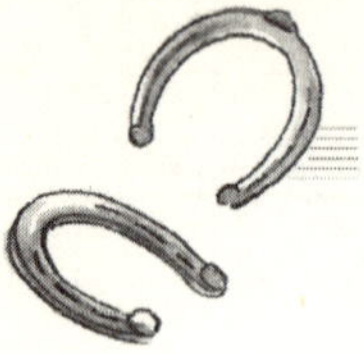

Lärm für drei

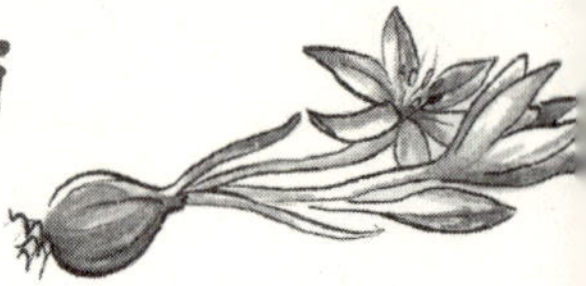

„Tschüss, Anna!“, ruft Klara zögerlich, als ihre Freundin an der Bushaltestelle in Richtung Kirche abbiegt. Anna wohnt in der Ortsmitte von Düllenburg, während Paps und Rosis Haus am Rand des Dorfes in der Nähe der Felder liegt.

Anna winkt ihr ein letztes Mal. Klara sieht, dass ihre Freundin genauso bedrückt ist wie sie selbst.

Ihnen stecken die Erlebnisse der letzten Stunde noch in den Knochen. Nach einem hastigen Kriegsrat hatten sie sich dazu entschlossen, Hanna von ihrem Fund zu erzählen. Klara hatte fest damit gerechnet, dass Hanna eine harmlose Erklärung für die Blätter hätte. Doch Hanna hat die Freunde nur lange angeblickt, als sie ihr die schwarzen Stängel gezeigt haben.

„Frau Sandrin hat sie mir auch schon unter die Nase gehalten“, sagt sie. „Ich habe Herrn Wedel auf dem Handy angerufen, aber ich erreiche ihn nicht. Ich konnte ihm nur eine Nachricht auf seiner Mailbox hinterlassen." Sie zuckt hilflos mit den Schultern. „Fürs Erste habe ich entschieden, das Heu nicht weiterzuverfüttern. Die Nachbarn helfen uns in den nächsten Tagen mit Futter aus." Sie seufzt. „Ich kann nur hoffen, dass nicht wirklich etwas an Frau Sandrins Vermutung ist. Denn sonst bin ich dran."

„Aber Herr Wedel hat das Heu doch eingekauft!", hat Klara empört gerufen. „Nicht du."

Doch Hanna hat nur traurig den Kopf geschüttelt. „Nein, Klara. So leicht ist es nicht. Ich hätte das Heu noch einmal direkt vor dem Füttern überprüfen müssen. Und das habe ich nicht getan."

Langsam schiebt Klara ihr Fahrrad in die Garage. Am liebsten möchte sie sich gleich ins Bett verkriechen. Der Tag ist ihr gründlich vermiest.

Doch es kommt noch schlimmer! Kaum hat sie die Haustür aufgedrückt, schallt ihr aufgeregtes Stimmengewirr entgegen. Zaster bellt wie wild und Maxi schreit irgendetwas.

Klara stöhnt. Das hat ihr gerade noch gefehlt. Kann ihre Familie sich nicht ein Mal normal verhalten? Wahrscheinlich hat Paps die Küche heute vollständig verschandelt!

Doch diesmal ist ihr Vater unschuldig. Und er ist der Einzige im Wohnzimmer, der nicht aus Leibeskräften brüllt. Er sitzt auf dem Klavierhocker, umkrallt Zasters Halsband und versucht vergeblich, dem Terrier die Schnauze zuzuhalten. Wütend kläfft der Hund die Menschengruppe in der Mitte des Raums an.

Dort haben sich vier Menschen aufgebaut.

Rosi hat sich stocksteif gemacht. Er ist blass um die Nasenspitze und seine Stimme klingt verzweifelt. Maxis schrille Rufe dagegen überschlagen sich, während ihr die Tränen übers Gesicht laufen.

Grund für die Tränen ist – Klara bleibt das Herz fast stehen – Tante Svenja.

Denn niemand anders als Maxis Mutter und Rosis Exfrau steht in dem Raum und macht Lärm für drei.

Dabei kann man sich eigentlich nicht vorstellen, dass die elegante Frau in dem knielangen schicken Rock und mit den sorgfältig blondierten Haaren derart unflätig schimpfen kann.

Ihr zur Seite steht ihr neuer Freund Jörg. Das zumindest glaubt Klara, denn sie hat ihn noch nie gesehen. Er ist fast einen Kopf kleiner als Tante Svenja, was vielleicht daran liegen mag, dass Svenja Schuhe mit extrem hohen Absätzen trägt. Sein Dreitagebart soll wahrscheinlich lässig aussehen, genauso wie seine zerzauste Frisur. Klara findet ihn extrem albern.

„Was soll das heißen, du hast das nicht geschrieben?“, brüllt Svenja gerade und hält ein Blatt Papier in die Luft.

„Natürlich hat sie das nicht geschrieben!“, ruft Rosi. „Dass du ja nicht wagst, unsere Tochter zu beschuldigen! Ich war es, der dir das Ding geschickt hat, damit du es weißt.“

Svenja dreht sich auf dem Absatz um und funkelt Rosi mit wütendem Blick an. „Du willst doch nicht behaupten, dass du es fertig …“

Sie unterbricht, denn Maxi kreischt dazwischen. „Das würde Papa nicht!“, ruft sie. „Du hattest recht. Ich war es! Ich habe dir diese E-Mail geschrieben. Papa trifft keine Schuld.“ Schützend legt sie ihren Arm um ihren Vater und schmiegt sich an ihn.

„Unsinn, Maxi!“, ruft Paps und springt vom Klavierstuhl auf. Sofort erschallt wieder wütendes Hundegebell.

Zaster hüpft aufs Sofa und kläfft von dort den Mann mit dem Dreitagebart an. Er kann Männer mit Bärten genauso wenig leiden wie Postboten.

Paps baut sich vor Svenja auf. „Maxi und Rosi müssen hier niemanden in Schutz nehmen. Ich war es! Ich wollte dir endlich mal schreiben, was ich von dir halte.“

Svenja schaut ihn spöttisch an. „Ach, unser Starjournalist“, tönt sie. „Willst du mir etwa weismachen, dass du solch kindische Ausdrücke in deinen E-Mails verwendest?“

Jetzt hat Klara genug. Sie stemmt die Hände in die Hüften und pfeift schrill und laut. Zaster klappt gehorsam sein Maul zu und springt auf Klara zu.

Die anderen vergessen vor lauter Verblüffung weiterzuschreien.

Klara nutzt die plötzliche Stille, um sich zu Wort zu melden. Trotzig baut sie sich vor Tante Svenja auf. „Nachdem sich schon alle für schuldig erklärt haben, kannst du endlich die Wahrheit erfahren“, sagt sie leise. „Wenn du es genau wissen willst: Ich war diejenige mit der kindischen E-Mail. Ich war so wütend, weil du Maxi zum Weinen gebracht hast und Rosi auch und da habe ich einfach an dich geschrieben, alles, was mir so eingefallen ist.“ Klara holt tief Luft. „Ich wollte es gar nicht abschicken, aber dann hat Anna gemailt und ich habe vergessen, dass deine Mail noch im Postfach war, und da ist die Mail an dich aus Versehen rausgegangen.“ Sie räuspert sich, weil ihre Stimme plötzlich brüchig wird. „Und soll ich dir mal was sagen?“, stößt sie hervor. „Ich bin gar nicht traurig darüber.“

Sie ignoriert Paps' verblüfften Blick, der augenscheinlich versucht, hinter den Sinn ihrer langen Rede zu kommen. Klara dreht sich einfach um und rennt aus dem Wohnzimmer. Oben in ihrem Zimmer wirft sie sich schluchzend auf das Bett.

Als Zaster ihr tröstend mit der Zunge über die Wange leckt, sieht sie noch nicht einmal auf. Und als sie Schritte hört und dann spürt, wie sich die Matratze auf einer Seite senkt, dreht sie ihren Kopf unwillig zur Seite. Sie will jetzt niemanden sehen.

„Klara!" Paps' Stimme klingt sanft. Er streicht ihr über den Arm. „Hör doch bitte auf zu weinen."

„Ich kann nicht!" Klara laufen die Tränen noch heftiger über die Wangen. „Erst die Sache mit den Herbstzeitlosen, und jetzt ist auch noch das mit Svenja herausgekommen."

„Was sind Herbstzeitlose?", fragt Paps verdutzt.

Klara richtet sich auf und wischt über ihr verweintes Gesicht. „Egal. Das erzähl ich dir später." Sie senkt ihren Kopf und zerknittert mit ihren Händen nervös die Bettdecke. Paps wartet stumm ab, bis sie sich gefasst hat, und sie ist ihm dankbar dafür.

„Bekommst du nun großen Ärger mit Svenja?“, fragt sie schließlich bedrückt.

„Ach Klaraderdatsch“, sagt Paps nur. „Was denkst du denn?“ Er nimmt sie in die Arme. Erst nach einer ganzen Weile hält er sie ein Stück von sich ab. „Ich bin so froh, dass endlich jemand in unserer Familie wieder den Mumm hatte, der hochwohlgeborenen Svenja die Meinung zu sagen“, sagt er mit ernster Miene. „Das war seit Jahren fällig!“

„Aber es ist gründlich in die Hose gegangen“, wendet Klara kläglich ein. „Sie ist so fuchsteufelswild und wütend – sie will jetzt bestimmt nichts mehr mit uns zu tun haben und Maxi auch nie mehr einladen …“ Sie bricht ab.

„Das glaube ich nicht“, sagt Paps und schaut nachdenklich aus dem Fenster. Dort tanzen die Schneeflocken auf und ab, als könnten sie sich nicht entscheiden, ob sie auch wirklich auf den Boden fallen wollen. Klara merkt, wie sich ein kleines Lächeln auf Paps’ Gesicht stiehlt.

„Weißt du eigentlich, dass deine Mutter die Letzte war, die Svenja ins Gesicht gesagt hat, was sie wirklich von ihr denkt?“, fragt er leise und streicht Klara übers Haar. „Deine Tante war übrigens nicht böse darüber. Ganz im Gegenteil. Plötzlich war sie wie verwandelt.“ Er seufzt. „Leider hielt es nicht lange an.“

Er nimmt Klaras Gesicht in beide Hände. „Was ich eigentlich sagen will: Deine Mutter war genauso wie du. Immer mit dem Kopf durch die Wand – ohne Rücksicht auf Verluste. Aber die Verluste – die zählen hinterher nicht mehr, hat sie immer gesagt. Sondern nur das, was du für die anderen getan hast. Und in diesem Fall zählt, was du für Maxi getan hast. Ich bin sehr stolz auf dich.“

Er drückt ihr einen Kuss aufs Haar.

Klara schaut ihn lange an. „Was meinst du, was Mama wohl getan hätte, wenn eine Freundin von ihr zu Unrecht beschuldigt worden wäre und sie das genau gewusst hätte?“, fragt sie schließlich.

Paps lacht. „Das kann ich dir genau sagen.“ Er setzt sich zurecht. Klara schaut hoffnungsvoll zu ihm auf. Immer wenn er dieses Gesicht macht, erzählt er eine Geschichte über ihre Mutter. Doch diesmal hat sie sich getäuscht.

„Was würdest du denn machen?“, fragt er nur.

„Zu der Freundin halten?“, erwidert Klara zweifelnd. „Den anderen Leuten sagen, dass sie unschuldig ist? Versuchen, dafür Beweise zu finden?“

Paps nickt zu jeder Frage.

„Siehst du“, sagt er und schaut ihr ins Gesicht. „Genau das hätte deine Mutter getan.“

Er streicht ihr ein letztes Mal über die Wange. „Komm“, sagt er dann energisch und zieht Klara vom Bett hoch. „Du steckst ja immer noch in den dreckigen Reitklamotten. Am besten ziehst du sie aus, bevor du badest.“ Er grinst und scheucht Klara ins Badezimmer.

Eine gute halbe Stunde später kommt Klara gerade aus der Wanne, als Paps ruft: „Klara! Telefon!“

Klara hüllt sich in ihren Bademantel. Nach dem heißen Bad fühlt sie sich schon viel besser. Barfuß springt sie über den Flur und greift nach dem Hörer.

Anna ist am Apparat. „Hallo, Klara!“, ruft sie. „Du kannst dir nicht vorstellen, was passiert ist.“

Klara stöhnt. „Da liegst du goldrichtig“, sagt sie. „Ich kann mir nicht vorstellen, dass heute überhaupt noch etwas passiert. Das ist definitiv zu viel für einen Tag.“

„Ach was“, winkt Anna ab. „Diesmal ist es etwas ganz Schönes.“ Sie kann sich kaum zurückhalten. „Eben beim Abendessen war ich furchtbar deprimiert, wegen der Sache mit Hanna und den giftigen Pflanzen und so“, plappert sie los. „Und da hat meine Mutter mir angeboten, sie für mich zu untersuchen.“

Klara versteht nur Bahnhof.

„Wen für dich zu untersuchen?“, fragt sie begriffsstutzig und zieht den Bademantel über ihre nackten Füße.

„Du Dumme“, ruft Anna. „Natürlich die Herbstzeitlosen im Heu!“

Plötzlich ist Klara hellwach. Ihr Kummer ist wie weggewischt. Natürlich! Warum ist sie nicht von selbst darauf gekommen? Annas Eltern sind Apotheker. Sie können sicher giftige Gewächse von anderen Pflanzen unterscheiden.

„Das ist ja super!“ Sie ist ganz aufgeregt.

„Und weißt du, was meine Mutter noch gesagt hat? Sie ist sich sicher, dass sich Frau Sandrin irrt! Die Bauern wissen, wenn auf ihren Wiesen solche Pflanzen stehen. Sie würden ja blöd sein, wenn sie das Heu verkaufen. Dann hätten sie bald keine Kunden mehr.“

„Aber was ist mit den schwarzen Blättern?“, fragt Klara. „Wir haben sie doch mit eigenen Augen gesehen. Und Hanna hat deswegen extra neues Heu von den Nachbarn geliehen.“

Anna schnaubt abfällig. „Vielleicht wollte sie auch nur Frau Sandrin beruhigen“, sagt sie. „Sie kann es sich nicht leisten, eine Kundin zu verärgern. Wenn Frau Sandrin Mondenscheins Boxenmiete nicht mehr bezahlt, hat der Reitstall ein Problem. Und wieder wäre Hanna schuld.“

„Du hast recht.“ Klara seufzt. „Hoffentlich können deine Eltern schnell beweisen, dass das Heu in Ordnung ist!“

Anna stimmt ihr zu. „Mal etwas ganz anderes“, erkundigt sie sich dann. „Wir haben heute Nachmittag in der Aufregung ganz vergessen, für die Theorie zu üben. In drei Wochen ist die Prüfung zum Großen Hufeisen. Meinst du, wir schaffen das wirklich?“

„Anna!“ Klaras Stimme wird energisch. „Ich sagte doch, ich bin heute wirklich nicht mehr in der Stimmung für weitere Katastrophengespräche.“

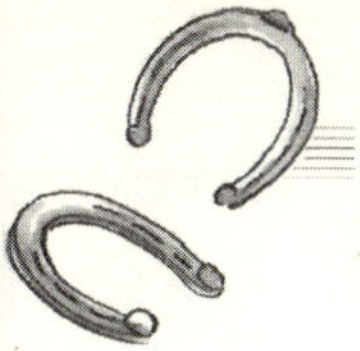

Ein Rat vom Dreitagebart

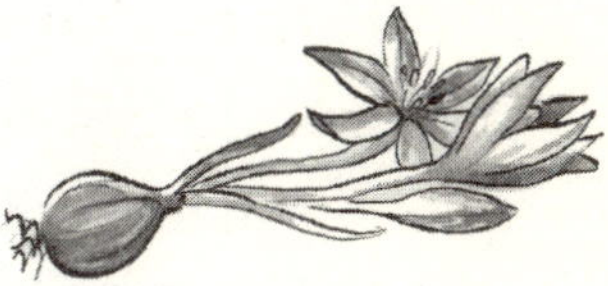

Als Klara ihre Augen aufschlägt, sieht sie in ein erwartungsvolles Hundegesicht. Zaster steht über ihr und bellt liebevoll. Diese tiefen Laute, die sich so sehr von seinem üblichen Gekläffe unterscheiden, hat er speziell dafür reserviert, Klara zu wecken. Rosi zum Beispiel rüttelt er ausgesprochen gerne aus dem Schlaf, indem er auf das Bett springt und ihm genüsslich über die kahle Stelle auf seinem Hinterkopf leckt. Rosi bekommt deswegen regelmäßig einen Wutanfall. Schließlich duldet er Zaster nur wegen seines Namens im Haus.

Klara nimmt ihren Hund in den Arm und dreht sich müßig zur Seite. Heute ist Samstag, da kann sie ausschlafen. Träge schließt sie die Augen und wartet darauf, dass ihr Traum zurückkehrt. Langsam versinkt die Welt um sie herum. Sie reitet mit dem prächtig geschmückten Krümel in die Reithalle. Auf der Mittellinie stehen die Richter der Prüfung für das Große Hufeisen und sehen ihr erwartungsvoll entgegen. In den Händen halten sie einen vergoldeten Siegeskranz. Klara weiß: Der ist für sie und Krümel. Doch als sie näher kommt, reißt sie die Augen auf. Der Kranz ist aus Herbstzeitlosen geflochten. Sie runzelt die Stirn. Doch da ertönt schon die Musik zur Ehrenrunde. Krümel galoppiert an und …

„Klara!"

Klara macht ein Auge auf und wieder zu. Sie möchte lieber die Ehrenrunde zu Ende reiten.

„Klara!"

Unwillig hebt sie ihren Kopf aus dem Kissen. Doch als sie sieht, wer da ins Zimmer gekommen ist, sind alle Träume vergessen. Maxi hockt auf ihrem Bett und zieht ein Gesicht, als ob ihr das Haarspray ausgegangen wäre.

„Was ist los?" Klara wischt sich den Schlaf aus den Augen.

Ihre Cousine sieht sie an. „Sie sind noch da!", flüstert sie und deutet zur Tür. „Ich meine, Mama und ihr Typ. Und ich habe nicht im Geringsten Lust, denen über den Weg zu laufen."

Jetzt ist Klara hellwach. Die Ereignisse des gestrigen Abends stehen ihr deutlich vor Augen. Plötzlich schämt sie sich. Sie hat Paps die Ohren vollgeheult. Aber hat sie einmal an Maxi gedacht? Der musste es doch viel schlechter gehen!

„Ich finde, das war übrigens eine richtig gute Aktion gestern", sagt Maxi jetzt. „Ich meine, die Sache mit der E-Mail." Sie springt auf, geht zu Klaras überfülltem Schreibtisch und schiebt dort einige Schulhefte hin und her. Zögernd sieht sie sich nach ihrer Cousine um, die sich im Bett aufgesetzt hat und ihre Knie mit den Armen umschlungen hat.

„Danke!", sagt Maxi schlicht. „Ich hätte mich nie getraut, Mama die Wahrheit zu sagen."

Klara fühlt sich ganz schlecht. Schließlich hat sie die E-Mail ja nur aus Versehen abgeschickt. Und jetzt tut jeder so, als ob sie etwas ganz Tolles gemacht hätte.

„Du denkst sicher, dass du gar nicht so mutig warst, oder?", fragt Maxi. „Aber das ist mir egal. Wichtig ist nur, dass Mama endlich mal die Wahrheit weiß." Ehe Klara antworten kann, verzieht Maxi ihr Gesicht. „Wahrheit hin oder her“, sagt sie jämmerlich. „Ich habe Hunger. Erbärmlichen Hunger.“

Klara schiebt die Decke weg und schwingt sich aus dem Bett. „Dann wird es Zeit, dass wir nach unten zum Frühstück gehen“, sagt sie.

Maxi erschrickt. „Ich will sie nicht sehen.“ Ihre Stimme klingt wieder ganz mickrig. „Ich weiß doch überhaupt nicht, was ich sagen soll.“

Da knurrt auch Klaras Magen vernehmlich. „Ich finde, *das* ist piepegal“, erwidert sie streng. Schließlich können sie wegen Svenja ja nicht aufs Frühstück verzichten.

Eine Viertelstunde später ist Klara angezogen und die Cousinen schleichen sich hintereinander über die Treppe zur Küche.

Kurz davor holt Klara tief Luft, reißt die Tür auf und geht mit mutigen Schritten hinein.

Die Luft über dem Frühstückstisch ist zum Schneiden dick. Rosi, Paps und Svenjas Dreitagebartfreund rühren mit geschäftigen Mienen in ihrem Müsli.

Svenja sitzt am Tischende. Heute trägt sie eine schicke Bluse. Vor ihr steht eine Schale mit Obst. Ihre Haare sind akkurat wie immer frisiert. Man

sieht ihr an, dass sie sich bemüht, den Blick nicht schweifen zu lassen. Und daran tut sie gut. Denn sie ist mit ihrer gepflegten Erscheinung völlig fehl am Platz. In der Küche hat das Chaos endgültig die Oberhand gewonnen.

Die grüne Farbe an den Wänden ist nun trocken. Man kann genau erkennen, dass Paps es mit den Ecken nicht so wichtig genommen hat. Dort schimmert die weiße Farbe durch.

Außerdem hat er an einigen Stellen mehr von dem Grün verwendet als an anderen. Dadurch ist der Anstrich ganz fleckig geworden. Das Schlimmste aber ist: Durch das Trocknen ist die Farbe nicht etwa verblasst. Ganz im Gegenteil, inzwischen leuchtet alles in einem noch kräftigeren Grün.

Klara ist insgeheim froh, dass Paps keine Zeit hatte, die pinkfarbene Küche fertig aufzubauen. Sonst würden sie wahrscheinlich alle vor Schreck farbenblind werden.

Klara und Maxi rutschen mit einem gemurmelten „Guten Morgen“ auf die Eckbank und greifen nach den Cornflakes.

„Wäre es eventuell möglich, dass ich einen Tee bekomme?“, fragt Svenja. Ihre Stimme könnte Glas durchschneiden. „Oder ist das in diesem Trümmerhaufen zu viel verlangt?“

Klara weiß hinterher nicht mehr, ob es Svenjas zitronensaures Gesicht ist oder der Tonfall ihrer ätzenden Stimme. Ohne nachzudenken, lässt Klara den Löffel fallen, mit dem sie gerade in ihren Cornflakes rührt. Milch spritzt über den Tisch. „Zu viel verlangt?“, faucht sie. „Für dich ist es ja sogar zu viel verlangt, deiner Tochter zuzuhören! Oder einmal eine Verabredung mit ihr einzuhalten!“ Klara schnappt nach Luft.

Svenja antwortet nicht, sondern senkt den

Kopf und starrt auf die Obstschale. Ihre Augen sind weit aufgerissen. Klara erschrickt. Warum kann sie ihren Mund nicht halten? Tante Svenja sieht unversöhnlich aus. Damit ist Maxi bestimmt nicht geholfen.

Verlegen greift sie wieder nach ihrem Löffel und taucht ihn in die Cornflakes. Doch sie weiß, dass sie keinen Bissen mehr herunterbekommt. In ihrem Hals hat sich ein dicker Kloß gebildet.

Paps zwinkert ihr aufmunternd zu und Rosi tätschelt sogar gütig ihre Hand. Doch am Tisch herrscht Schweigen.

Ausgerechnet Svenjas neuer Freund mit dem Dreitagebart ist es, der die Situation rettet.

„Peter“, sagt er zu Paps gewandt. „Was hältst du davon, wenn ich dir beim Aufbau der Küchenschränke helfe?“

Klara schaut verblüfft hoch. Es ist das erste Mal, dass sie ihn sprechen hört, abgesehen von dem Gebrüll am Vorabend. Seine Stimme ist nicht etwa hoch und schrill, wie man von seinem Aussehen her vermuten sollte. Sie ist tief und klingt sehr sympathisch.

Er sieht sich um und schaut grinsend in die Runde. „Ich bin zwar keine Leuchte im Handwerk, aber gemeinsam schaffen wir es bestimmt, uns die Daumen gegenseitig mit dem Hammer einzuschlagen.“

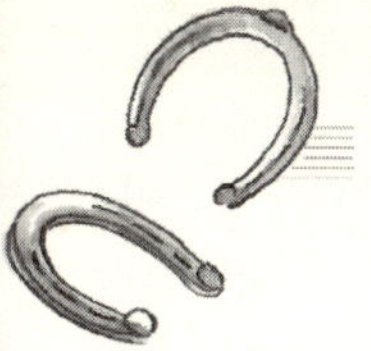

Was ist mit Hexe los?

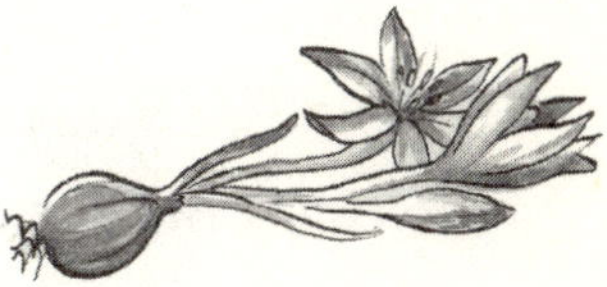

„Und dann hat Jörg alle dazu verdonnert, in der Küche mitzuhelfen“, erzählt Klara ihrer Freundin Anna und tritt fester in die Pedale. Zaster läuft mit wehenden Ohren hinter ihrem Fahrrad her.

Es ist spürbar wärmer geworden. Die Freundinnen können zum Reitstall fahren, ohne sich Frostbeulen zuzuziehen.

Anna sieht sie an. „Und was ist mit dir? Musst du nicht helfen?“, fragt sie.

„Och“, erwidert Klara gedehnt. „Gegen die Reitstunde konnte niemand etwas sagen.“ Sie lacht. „Als ich losfuhr, hat Paps gerade mit Feuereifer alte Klamotten ausgeteilt. Damit sich niemand schmutzig macht, behauptete er. Svenja verzog dabei das Gesicht wie Frau Sandrin, wenn sie Hanna mal wieder auf dem Kieker hat. Aber ihr Freund ließ nicht locker, bis auch sie sich schließlich umgezogen hat.“

Plötzlich fällt ihr etwas ein. Sie bremst das Fahrrad ab. „Apropos Frau Sandrin“, sagt sie. „Wissen deine Eltern schon etwas über die giftigen Blätter?“

Anna schüttelt den Kopf. „Das ist noch zu früh. Wir sind gestern extra noch einmal zum Stall gefahren und haben eine Probe aus dem Heuballen genommen. Heute Morgen wollte meine Mutter sie untersuchen.“ Sie sieht Klara zuversichtlich an. „Bestimmt beeilt sie sich.“

Klara nickt und schaut sich nach Zaster um, der angefangen hat zu trödeln.

„Zaster!“, ruft Klara ungeduldig. „Komm schon.“

Ihr Hund stoppt mitten auf dem Weg und setzt sich auf seine Hinterpfoten. Bis hierhin und nicht weiter, soll das heißen. Klara seufzt. Während Zaster in der schönen Jahreszeit nicht aus dem Reitstall wegzubekommen ist, findet er den schlammigen Hof bei Kälte und Schnee eine ausgesprochene Zumutung. Viel lieber legt er sich im Wohnzimmer vor den Kamin und verschläft den Tag. Aber bei der Küchenrenovierung hätte er nur gestört.

„Zaster!“, ruft Klara erneut. Der Terrier verzieht kummervoll sein Gesicht. Er ist ein Bild des Jammers.

Da kommt von hinten ein weiterer Radfahrer. Er winkt fröhlich. Es ist Tim.

„Na, Zaster“, sagt er und bremst neben dem Hund ab. „Sitzstreik?“ Zaster legt den Kopf schräg und sieht ihn bittend an. Tim lacht. „Wenn man dich so anschaut, könnte man denken, dass dein Frauchen dich schlägt.“

Klara sieht empört aus. „Du hast sie wohl nicht –“

„Doch!“ Tim kichert albern. „Alle noch beisammen!“

Kurz entschlossen hebt er den Hund auf und setzt ihn hinter sich in seinen Fahrradkorb. Sofort entspannt sich Zaster. Warum nicht gleich so?, scheint er zu denken.

Während sie weiterfahren, bringen sie Tim auf den neuesten Stand in Sachen Herbstzeitlose. „Heute Nachmittag weiß meine Mutter bestimmt schon mehr“, erklärt Anna.

Gemeinsam rumpeln sie über das Kopfsteinpflaster und kommen im Hof zum Stehen. Wie jeden Samstagmorgen ist auch heute viel los. Die Voltigierkinder führen gerade Käthe aus der Halle. Ein jedes von ihnen reißt sich darum, die gutmütige Haflingerstute führen zu dürfen. Hanna versucht, der Meute Herr zu werden und wirft den Freunden einen gespielt verzweifelten Blick zu. Klara fällt ein Stein vom Herzen. Hanna scheint sich wieder gefangen zu haben. Sie wirkt so gut gelaunt wie immer.

Ein paar der erwachsenen Reiter sind offensichtlich zum Ausritt verabredet. Zu dritt stehen sie zusammen mit ihren Pferden im Hof. Petra auf Cliff winkt ihnen fröhlich zu.

„Viel Spaß!“, ruft Klara und lehnt ihr Fahrrad gegen die Wand des Ponystalls.

Sie will gerade Tim und Anna in den Stall folgen, als sie hinter sich Hufgeklapper hört. Frau Sandrin zerrt ihren Mondenschein über den Hof. Klara rollt mit den Augen. Ob diese Frau wohl im Reitstall übernachtet? Auf jeden Fall scheint sie immer dann da zu sein, wenn die Freunde auch im Stall sind.

Zaster, der Pferde und Menschen mag und sich von Frau Sandrin eine Leckerei erhofft, begrüßt das Paar freundlich. Er setzt sich der Frau in den Weg und macht Männchen. Dabei legt er den Kopf schräg und stellt das linke Ohr leicht auf. Er hat die Erfahrung gemacht, dass mit dieser Pose am meisten bei den Menschen zu holen ist. Doch Frau Sandrin beachtet den Hund gar nicht, sondern führt Mondenschein nur stur weiter. Im letzten Moment kann der Terrier zur Seite springen. Verwundert kratzt er sich hinter dem Ohr. So etwas ist ihm noch nie passiert!

Petra verzieht das Gesicht. Bei ihr haben Zasters Schauspielkünste offenbar mehr Eindruck hinterlassen. „In der Sattelkammer in meinem Spind sind noch Kekse!“, ruft sie vom Pferd herunter. „Da hat er es auch warm und trocken.“

Klara grinst. „Das mit der Sattelkammer ist eine gute Idee. Aber ob er sich die Kekse wirklich verdient hat?“

Zurück aus der Sattelkammer, in der es sich Zaster auf einer kuschelig warmen Pferdedecke vor dem Ofen gemütlich gemacht hat, fällt ihr Blick auf die Uhr an der Reithalle. Mist. In fünfundzwanzig Minuten beginnt die Reitstunde!

Wenn sie sich nicht beeilt, kommt sie glatt zu spät.

Rasch läuft sie über den Hof in den Ponystall. Doch da ist keiner zu sehen. „Nanu?“, fragt sie verdutzt und schaut zu Bastello in die Box. Der Braune erwidert ruhig ihren Blick.

„Wo sind denn die anderen, Bastello?“ Sie läuft an den anderen Boxen vorbei, bis sie zum großen Laufstall kommt. Die Tür steht offen. Von Krümel und Hexe keine Spur.

Plötzlich hört sie aufgeregte Stimmen. Sie scheinen aus dem Anbau mit dem Futterlager zu kommen.

Mit schnellen Schritten eilt sie weiter und biegt um die Ecke.

Sofort bemerkt sie die besorgten Gesichter ihrer Freunde. Und sie spürt, wie ihr das Herz in die Hose rutscht.

Krümel steht mit gesenktem Kopf mitten im Heulager und schnaubt tröstend. Neben ihm liegt Hexe. Ihr Leib sieht aufgebläht aus und ihre Beine zucken unruhig, als ob sie sich nicht entschließen könnte aufzustehen. Klara sieht, wie sich ihre Flanken im schnellen Rhythmus heben und senken. Hanna kniet neben dem Pony und streicht ihm über das nass geschwitzte Fell.

„Es ist wieder Hexe“, sagt Lou flüsternd. „Hanna hat schon den Tierarzt gerufen.“

In letzter Minute

„Wann kommt der denn endlich?“, stöhnt Tim. Schon zum achten Mal rennt er aus der Box, um nach dem Tierarzt Ausschau zu halten.

„Wir müssen es noch einmal versuchen!“, sagt Hanna verzweifelt. Der Tierarzt hat am Telefon angeordnet, die Stute in Bewegung zu halten. Aber Hexe lässt sich nicht zum Aufstehen überreden.

So sehr Hanna auch am Halfter zieht und die Kinder von hinten treiben, Hexe zittert nur noch mehr und rührt sich nicht vom Fleck.

Klara wird himmelangst. Hanna vermutet, dass die Stute eine Kolik hat. Seit sie sich auf die Hufeisen-Prüfung vorbereiten, wissen Klara und ihre Freunde genau, was eine Kolik ist. Da Pferde einen sehr langen Darm haben, kann es gefährlich werden, wenn sie das Falsche oder zu viel gefressen haben.

Klara kann gar nicht auf all das Heu schauen,

an dem sich Hexe und Krümel wer weiß wie lange schon satt gefressen haben. Es ist nicht etwa das neue Heu vom Nachbarn. Sondern das Heu mit den schwarzen Blättern!

Sie hat sich neben Krümel gestellt, aber mit dem Wallach scheint alles in Ordnung zu sein. Noch, schießt es ihr durch den Kopf.

Wenn Hexe wenigstens aufstehen würde! Und wenn der Tierarzt endlich kommen würde!

Krümel scheint zu wissen, dass es seiner Freundin schlecht geht, denn er legt seinen Kopf auf ihren Mähnenkamm und knabbert zärtlich daran. Doch selbst das entlockt Hexe keine Regung.

Klara schießen die Tränen in die Augen. Wenn Hexe liegen bleibt, bedeutet das … Sie kann den Gedanken nicht zu Ende führen. Sie tastet nach Tims Hand, der gerade wieder vom Hof zurückkommt.

Der Tierarzt ist immer noch nicht in Sicht.

Hanna versucht erneut, die Stute zum Aufstehen zu bewegen, als Klara eine Idee kommt. In Windeseile hat sie sich ein Halfter geschnappt und es Krümel umgelegt.

„Was hast du denn jetzt vor?“, fragt Tim entsetzt. „Du kannst ihr doch nicht auch noch Krümel wegnehmen, wenn es ihr so schlecht geht!“

„Genau das!“, sagt Klara.

Die anderen starren sie an. Ist sie verrückt geworden?, sagen ihre Blicke.

Nur Hanna hat begriffen. „Prima Idee, Klara! Versuchen wir es.“

Und plötzlich verstehen Jella, Lou, Jakob, Anna und Tim. Hexe folgt Krümel überallhin. Gerade, wenn es ihr schlecht geht, wird die Stute nicht allein bleiben wollen.

Klara ruckt am Halfterstrick und Krümel setzt sich zögernd in Bewegung. Immer wieder schaut er sich um. Klara muss alle Kraft einsetzen, damit er in Bewegung bleibt. Offensichtlich denkt Krümel nicht daran, Hexe in ihrem Leid allein zu lassen.

Doch das braucht er auch gar nicht. Denn Hexe winkelt ein Bein an, dann ein zweites – und plötzlich steht sie auf den Füßen. Hanna stützt sie leicht.

„Fein gemacht!“, sagt sie leise und streicht ihr über die Stirn. „Du bist ein tapferes Pony.“

Sie bittet Lou, ihr eine Decke zu bringen, die sie Hexe fürsorglich umlegt. Dann bedeutet sie Klara, Krümel die Stallgasse herunterzuführen. Wieder schaut sich der Wallach nach seiner Freundin um. Hexe setzt sich tatsächlich in Bewegung!

Jetzt übernimmt Tim die Stute von Hanna. Gemeinsam führen die beiden Freunde ihre Ponys Schritt für Schritt über den Hof in die Halle. Dort ist es wärmer als draußen.

Klara ist sich nicht sicher, aber ihr kommt es vor, als ob Hexe mit jedem Meter etwas weniger zittrig wird. Doch ihre Augen sind immer noch trüb und ihr Leib ist nach wie vor deutlich aufgebläht.

Hanna, die die Stute keine Sekunde aus den Augen lässt, hat derweil ihr Mobiltelefon gezückt. „Ich versuche noch einmal, Herrn Wedel ans Handy zu bekommen“, erklärt sie.

Sie haben gerade die Halle erreicht, als Frau Sandrin um die Ecke biegt. Offensichtlich hat sie Mondenschein gerade in die Box gebracht. Lou rennt ihr entgegen. „Oh, Frau Sandrin!“, ruft sie geistesgegenwärtig und fasst die Frau am Arm.

„Sie sind doch Biologielehrerin am Kippenberg-Gymnasium? Also, wir haben gestern an unserer Schule einen Frosch seziert, und da wollte ich fragen …“

Klara kann nicht mehr verstehen, was Lou weiterplappert. Auf jeden Fall funktioniert es. Sie hat Frau Sandrin so weit abgelenkt, dass die Ponys die schützende Halle erreicht haben. Klara, Anna, Tim, Jakob und Jella lächeln sich an. Auf Lou ist Verlass!

Glücklicherweise ist niemand in der Halle und die Kinder haben genug Platz, die Ponys im Kreis zu führen.

Sie haben gerade zwei Runden gedreht, als ein Motorengeräusch auf dem Hof erklingt. Anna sprintet zur Tür. „Es ist der Tierarzt!“, ruft sie jubelnd. Sie winkt, als wieder ein Brummen ertönt.

Anna kneift die Augen zusammen, um besser sehen zu können. Verwundert dreht sie sich zu ihren Freunden um. „Und meine Eltern.“

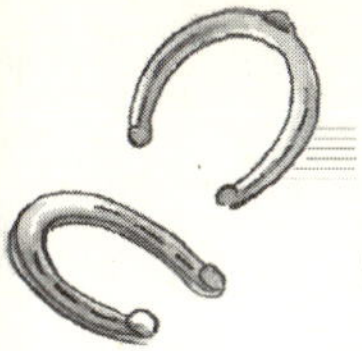

Herr Wedel greift durch

Mit langen Schritten kommt der Tierarzt in die Halle. Er ist ein freundlicher, breitschultriger Mann.

„Na, was ist denn passiert?“, fragt er und stellt seine große schwere Tasche neben Hexe in den Sand der Reitbahn. Jella, Jakob und Hanna stehen links von der Stute, die Tim hält. Anna ist nach draußen geflitzt, um zu sehen, ob da wirklich ihre Eltern auf den Hof gefahren sind.

Klara greift Krümels Halfterstrick fester und versucht, ihr Pony an die Gruppe um Hexe heranzuführen, damit sie besser sehen kann. Doch da hat sie die Rechnung ohne Krümel gemacht. Statt ihr zu folgen, legt ihr Wallach den Rückwärtsgang ein. Fest entschlossen entfernt er sich Schritt für Schritt, ohne sich von Klaras leisem Schimpfen stören zu lassen. Erst in sicherer Entfernung macht er Halt und stemmt seine Beine in den Hallenboden. Nicht mal für Hexe würde er dem Tierarzt zu nahe kommen. Er kennt den Mann und weiß genau, dass das der fiese Mensch mit den Spritzen ist.

„Ich vermute, es ist eine Kolik.“ Klara kann Hanna gerade noch verstehen. Der Tierarzt ist dabei, Hexe sorgfältig abzutasten.

„Die beiden Racker“, Hanna deutet auf Krümel, „sind gemeinsam ausgerissen und haben sich übers Heu hergemacht. Wahrscheinlich haben sie auch noch einen Eimer mit Kraftfutter erwischt. Aber während der Wallach in Ordnung ist, geht es der Stute ziemlich schlecht.“ Sie seufzt und schaut den Tierarzt sorgenvoll an.

„Keine Angst, das wird schon“, beruhigt Dr. Fichte sie. Dann wendet er sich Hexe zu, um sie gründlich zu untersuchen.

Klara kann nicht sehen, was er macht, weil sich Jella und Jakob direkt vor ihn gestellt haben. Deswegen ist sie die Erste, die bemerkt, wer auf einmal mit Riesenschritten in die Halle gestürmt kommt.

Es ist Frau Sandrin. Lou läuft hinter ihr. Verzweifelt sieht sie Klara an und zuckt hilflos mit den Schultern.

„Dr. Fichte!", ruft die blonde Frau. „Dr. Fichte! Wieder eine Kolik, richtig?" Mit trippelnden Schritten kommt sie näher. Wenn die Situation nicht so schrecklich gewesen wäre, hätte Klara lachen müssen. Frau Sandrin sieht aus wie eine kleine dicke Tonne auf zwei kurzen Beinen. Wenn sie noch schneller rennt, wird sie anfangen, über den Boden zu rollen!

Frau Sandrin lässt dem Tierarzt keine Zeit zu antworten. „Das war ja abzusehen", sagt sie atemlos, als sie ihn erreicht. „Es sind die Herbstzeitlosen! Ich hatte Ihnen schon vor zwei Wochen meine Vermutung mitgeteilt. Aber Sie haben mich ja nicht einmal angehört. Wenigstens hat es diesmal nicht meinen Mondenschein getroffen." Sie betrachtet Hexe abschätzend. „Sondern nur dieses … dieses Pony."

Klara ballt die Fäuste und Tim sieht so aus, als ob er gleich losspringen wollte, um Frau Sandrin persönlich aus der Halle zu schleifen. Doch Hanna legt ihm bestimmt die Hand auf die Schulter. Sie hat die Lippen fest zusammengepresst und ist sehr blass.

Der Tierarzt wendet sich zu Frau Sandrin.

„Ach ja“, sagt er nachdenklich. „Die Herbstzeitlosen. Hanna hat mich am Telefon schon über den Stand der Dinge unterrichtet.“ Er greift in seinen Koffer und holt ein Medikament und eine Spritze heraus. „Was wissen Sie denn genau über Herbstzeitlose?“, erkundigt er sich angelegentlich.

Klara möchte ihn am liebsten anschreien. Anstatt der blöden Frau Sandrin zuzuhören, soll er der armen Hexe helfen! Dafür ist er schließlich hier.

Doch bevor sie sich einmischen kann, ruckt es am Strick. Plötzlich hat sie alle Hände voll zu tun, um Krümel zu bändigen. Der Wallach hat die Spritze entdeckt. Jetzt denkt er nur noch an das, woran Pferde eben denken, wenn sie

eine Gefahr für Leib und Leben entdecken: an Flucht.

Klara spürt, wie ihr der Halfterstrick aus den Händen gleitet. Gerade noch bekommt sie mit, wie Frau Sandrin einen Wortschwall von sich gibt. Da hat sich Krümel schon losgerissen. Aber anstatt auf der Hinterhand kehrtzumachen und in die nächste Ecke zu verschwinden, löst sich seine Anspannung plötzlich. Seine steil nach vorn gerichteten Ohren zucken ein wenig.

Der Tierarzt hat Hexe die Spritze bereits gegeben und legt die Kanüle gerade wieder in seine Tasche zurück.

Seelenruhig wendet er sich an Frau Sandrin. „Und Sie sind sicher, dass es die Herbstzeitlosen sind?“, fragt er sie, als würde er mit einer Kollegin reden.

Klara macht einen Schritt vor. Krümel hin oder her, jetzt wird sie eingreifen!

Frau Sandrin fühlt sich geschmeichelt. „Ich habe schließlich nicht umsonst Biologie studiert“, erklärt sie würdevoll. „Botanik war mein Spezialgebiet. Ich bin Oberstudienrätin am Gymnasium.“

Der Tierarzt nickt. „Aha. Gratuliere“, sagt er trocken. Sein Tonfall ändert sich sichtlich. Klara kneift die Augen zusammen. Ist das ein spöttisches Lächeln auf seinen Lippen? Sie bleibt stehen.

„Nun“, fährt Dr. Fichte fort. Wieder mustert er prüfend Hexe und streicht ihr über den Hals. „Dann haben Sie wohl bei den entscheidenden Vorlesungen gefehlt!“, erklärt er bestimmt. Klara kichert fast los, so rot wird Frau Sandrin vor Wut.

Doch der Tierarzt lässt ihr keine Zeit für eine Antwort. „Herbstzeitlose, werte Dame“, er verbeugt sich vor Frau Sandrin, „verursachen keine Kolik. Sondern eine gefährliche Atemlähmung.“

„Das kann ja noch kommen“, stößt Frau Sandrin hervor.

Plötzlich ertönt eine andere Stimme. „Das bezweifle ich sehr.“ Annas Mutter drängt sich dazwischen. In der Hand hält die Apothekerin eine Plastiktüte. Vorsichtig zieht sie ein schwarzes Blatt daraus hervor.

Annas Mutter lächelt in die Runde, dann wendet sie sich Frau Sandrin zu. „Ihre Botanik-Kenntnisse in allen Ehren, verehrte Frau Sandrin“, sagt sie. „Aber das sind mitnichten Herbstzeitlose.“ Klara hält die Luft an. „Es handelt sich hier um den gemeinen Spitzwegerich.“ Ihr Lächeln wird breiter. „Sehr vitaminreich und ausgesprochen gesund für Pferde.“

„Aber das Tier ist vergiftet! Sehen Sie doch nur!“, krächzt Frau Sandrin und deutet auf Hexe.

Der Tierarzt lacht. „Wie ich bereits sagte: Wenn Hexe tatsächlich vergiftet wäre, hätte sie Durchfall und Atemnot. Was Sie hier sehen, ist ein Pony, das einen Eimer Kraftfutter vertilgt hat. Kein Wunder, dass es ihm schlecht geht.“

„Aber warum ist dann Krümel in Ordnung?“, meldet sich Jakob schüchtern zu Wort.

Da kann Klara aushelfen. Schon oft hat sie beobachtet, wie der Wallach Hexe höflich den Vortritt beim Futtern lässt.

„Sie darf immer zuerst fressen“, erklärt sie. „Vielleicht hat er nur das Heu erwischt.“

„Nicht dumm, dein Pony!“, kommentiert der Tierarzt. „Von Heu allein kann sich kaum ein Pferd eine Kolik holen.“

Frau Sandrin sieht einem quietschroten Luftballon zum Verwechseln ähnlich. Klara kichert, als sie sich vorstellt, dass man einfach eine Kanüle aus Dr. Fichtes Koffer nehmen und ihr in den dicken …

„Das ist ja wohl eine Unverschämtheit, was Sie hier behaupten!“, schäumt Frau Sandrin gerade über. „Eine Verschwörung! Ich weiß, was ich weiß.“

„Dann wissen Sie ja auch, dass Sie Ihren Mondenschein auf den Pferdehänger packen und meinen Hof auf der Stelle verlassen können.“ Klaras Kopf ruckt herum. Herr Wedel steht auf der Tribüne! Er ist nach Hause gekommen und hat alles mit angesehen.

So rasch wie Klara ihm gar nicht zugetraut hätte, flankt er über die Absperrung und baut sich drohend vor Frau Sandrin auf. „Wer meine Mitarbeiter, mich und meinen Stall derart in Verruf bringen will, der hat hier nichts mehr zu suchen!“, faucht er zornig.

„Aber …“

Herr Wedel schneidet ihr das Wort ab. „Nichts aber.“ Er schiebt sie zur Tür. „Wir haben hier

ganz offensichtlich ein krankes Pony zu versorgen. Und Sie stören!“

Leise aber bestimmt schließt er das Tor hinter der wutschnaubenden Frau. Sie hören ihr Schimpfen auf dem Hof verklingen, aber niemand achtet mehr darauf.

„Was ist mit Hexe?“, fragt Herr Wedel. Er legt Hanna einen Arm auf die Schulter. Die junge Reitlehrerin sieht noch immer schockiert aus.

Der Tierarzt lacht. „Keine Sorge. Sie hat tatsächlich ein bisschen zu viel von dem Kraftfutter erwischt. In drei bis vier Stunden geht es ihr wieder blendend. Einen Tag lang Diät, dann ist sie wie neu. Allerdings …“ Er stockt.

„Was allerdings?“ Hannas Stimme klingt zittrig.

„Na, na, Hanna, kein Grund zur Beunruhigung!“ Der Tierarzt lacht dröhnend auf. „Ich wollte nur sagen, dass ihr sie nicht zu lange hungern lassen dürft. Ich bin mir noch nicht ganz sicher, dazu muss ich erst eine Ultraschalluntersuchung machen. Aber es sieht mir ganz danach aus, dass Hexe trächtig ist.“

Klara ist froh, dass Krümel direkt hinter ihr steht, denn sonst wäre sie vor Verblüffung einfach umgefallen. Hexe? Trächtig?

Jella, Jakob und Lou strahlen übers ganze Gesicht und Anna drückt begeistert die Hand ihrer Mutter.

Nur Tim steht wie vom Donner gerührt.

„Trächtig?“, fragt er stotternd. „Sie meinen, also … soll das heißen …“

Der Tierarzt lacht wieder. „Ist das deine Stute?“, fragt er verständnisvoll.

„Mein Pflegepony“, korrigiert ihn Tim gedankenverloren.

„Nun ja. Dann wirst du in Zukunft eben eine Art Pflegevater.“

Klara weiß später nicht genau, was den Ausschlag gegeben hat. Vielleicht die Tatsache, dass der Tierarzt seine Sachen zusammenpackt. Oder vielleicht hat Krümel gemerkt, dass von dem Mann heute keine Gefahr mehr ausgeht. Auf jeden Fall macht er drei mutige Schritte nach vorn und drängt sich zwischen Tim und Hexe. Beschützend legt er den Kopf auf den Rücken der Stute.

„So viel zum Thema Pflegepapa", sagt Klara lachend.

Und Hexe? Hexe schnaubt leicht durch die Nase. Sie sieht deutlich gelassener aus und macht keine Anstalten mehr, zu scharren oder sich hinzulegen.

Ihr Leib ist zwar immer noch etwas aufgebläht. Aber wer weiß?, denkt Klara. Vielleicht liegt das ja gar nicht mehr an der Kolik?

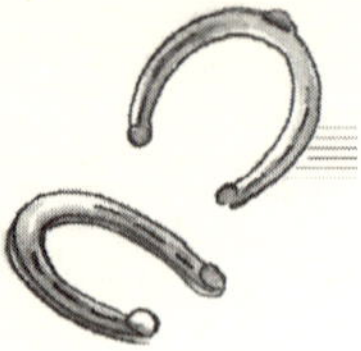

Ein gelungener Abschied

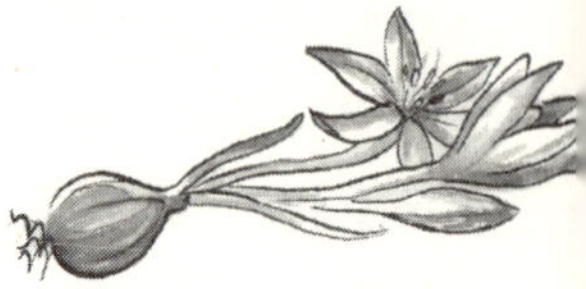

Gut drei Stunden später lehnt Klara an der Putzstange vor dem Ponystall und verfolgt zufrieden das Geschehen auf dem Hof. Ein Kombi steht vor dem Großpferdestall, die Klappe eines Pferdeanhängers ist herabgelassen. Tim steht neben Klara und strahlt wie ein Honigkuchenpferd. Hexe geht es deutlich besser und sie scheint schon fast empört, dass sie beim Füttern von Hanna übergangen worden ist.

Lou, Jella, Jakob und Anna sind mit Annas Eltern bereits nach Hause gefahren. Gemeinsam haben sie beschlossen, dass sie genug Aufregung für heute hatten. Die Reitstunde fällt ausnahmsweise aus.

Klara und Tim dagegen lungern noch ein wenig im Stall herum. Zum einen, um Hexe zu beobachten. Zum anderen, um mitzuerleben, wie Frau Sandrin den Hof verlässt. Klara empfindet es als Triumph, wenn sie an die ätzenden Kommentare denkt, die Frau Sandrin in der letzten Reitstunde von sich gegeben hat.

Viele Pferdebesitzer, die sich wie Hanna schon oft über Frau Sandrin geärgert haben, versammeln sich, um ihre Abfahrt nicht zu verpassen.

Die Reittherapeutin und Besitzerin der Haflingerstute Käthe stellt sich zu Klara und Tim.

„Endlich!“, stöhnt sie und deutet auf Frau Sandrin, die Mondenschein gerade die Rampe hochführt. „Ich konnte ihre Lästereien nicht mehr ertragen. Noch nie habe ich einen Menschen kennengelernt, der derart boshaft ist.“ Sie schnaubt durch die Nase. „Die arme Hanna so fertig zu machen!“

Klara sieht sie von der Seite an. „Was war denn übrigens mit dem Haflinger?“, fragt sie neugierig. „Käthe hatte doch auch Bauchschmerzen?“

Die Reittherapeutin winkt ab. „Ich habe Hanna gleich heute Morgen Bescheid gesagt. Gestern hat mich die Mutter eines der kleinen Voltigierkinder angerufen. Sie war fürchterlich besorgt. Ihre Tochter hat sie beim Schlafengehen gefragt, ob sie auch glaubt, dass Käthe die Kaugummis geschmeckt hätten!“

„Kaugummis?“, erkundigt sich Klara entsetzt.

Die Therapeutin nickt. „Ganz genau. Ein Wunder, dass Käthe nur Bauchschmerzen und nichts Schlimmeres hatte.“

Klara will antworten, als Frau Sandrin sich vor Hanna und Herrn Wedel aufbaut. Mondenschein ist verladen, das Auto zur Abfahrt bereit.

„Kommen Sie ja nicht angekrochen, wenn Sie Ihren Stall nicht voll bekommen“, zischt Frau Sandrin den beiden theatralisch ins Gesicht. „Das ist für immer!“

„Das wollen wir auch hoffen“, sagen Herr Wedel und Hanna wie aus einem Mund.

Klara muss immer noch grinsen, als der Wagen längst vom Hof verschwunden ist und sie aufs Rad steigt, um mit Tim nach Düllenburg zu fahren. Doch plötzlich fällt ihr siedend heiß ein, dass sie Zaster in der Sattelkammer vergessen hat!

Mit einem Satz ist sie vom Fahrrad gesprungen und saust in die Sattelkammer. Wohlige Wärme schlägt ihr entgegen – und ein bekanntes Grunzen. Petra sitzt auf der Pferdedecke auf dem Boden. Zaster liegt zusammengerollt auf ihrem

Schoß und lässt sich den Bauch kraulen. Genüsslich kaut er an einem Butterkeks.

Petra blickt ihr ein wenig schuldbewusst entgegen. „Er sah so traurig aus“, erklärt sie. „Und dann hat sein Magen ganz vernehmlich geknurrt und er hat so traurig gefiept, da …“

Klara stöhnt. „Eine seiner leichtesten Übungen“, erklärt sie.

„Zaster“, sagt sie streng. „Komm mit!“

Mit einem Satz ist Zaster neben ihr. Er weiß genau, wann er besser gleich gehorcht.

Petra lacht und rappelt sich auf.

„Danke, Petra“, verabschiedet Klara sie. „Auch wenn dir Zaster etwas vorgespielt hat – ich hätte ihn trotzdem fast vergessen.“

„Keine Ursache“, erwidert Petra und winkt zum Abschied.

Keine zehn Minuten später schließt Klara die

Haustür auf und stutzt. Stille empfängt sie. Sofort steht ihr die Situation von heute Morgen vor Augen. Nach der Aufregung im Stall hat sie fast vergessen, dass zu Hause dicke Luft herrschte. Aber vielleicht sind Maxis Mutter und ihr Freund Jörg bereits wieder nach Hause gefahren?

Rasch streift Klara ihre Stiefel ab und schleicht sich auf Socken durch den Flur. Vorsichtig linst sie um die Ecke in die Küche hinein. Und was sie dort sieht, lässt sie verwundert die Augenbrauen hochziehen.

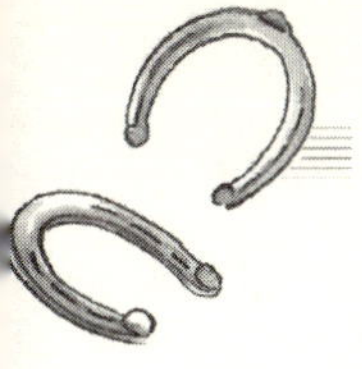

Eine Küche voller Blumen

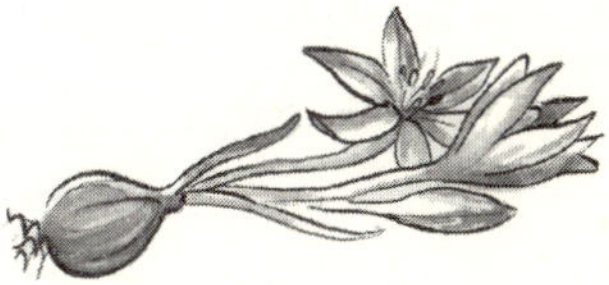

Maxi steht auf einer Leiter, hat den Kopf schräg zurückgelegt und betrachtet kritisch die Wand. Sie hat einen Pinsel in der Hand, einen Eimer mit gelber Farbe in der anderen, und vor lauter Eifer hat sie die Zunge zwischen die Zähne gepresst.

„Ein bisschen weiter rechts, Maxi!“, ruft Jörg vom Tisch aus und deutet mit der Hand auf eine Stelle an der Wand.

„Hier etwa?“ Maxi wendet fragend ihren Kopf. Jörg nickt, und Paps, der neben ihm sitzt, tut das Gleiche.

Klara staunt Bauklötze.

Wo vorher noch eine grüne fleckige Wand ihre schöne alte Küche verunstaltete, prangt nun eine riesige bunte Blumenwiese. Gerade taucht Maxi ihren Pinsel in die Farbe und malt einen leuchtend gelben Löwenzahn.

Klara muss unwillkürlich lächeln. Nach dem

tristen Wintergrau draußen hebt sich ihre Stimmung sofort. Die Küche sieht so aus, als ob ein bisschen Frühling eingezogen wäre.

Ihr Blick schweift zu den Küchenfronten, die bereits fast fertig aufgebaut an der Wand stehen. Die bonbonfarbene Vorderfront fällt bei den bunten Wänden gar nicht mehr auf. Ganz im Gegenteil – eine schönere Farbe kann sich Klara plötzlich nicht mehr vorstellen.

Und Svenja und Rosi?

Das Exehepaar hockt einträchtig auf dem Fußboden und baut gemeinsam den letzten Küchenschrank zusammen. Während Klaras Onkel mit konzentrierter Miene die Bauanleitung vorliest, legt Svenja sorgfältig Schrauben und Nägel in der richtigen Reihenfolge zurecht.

Paps und Jörg sitzen währenddessen am Küchentisch, rühren zufrieden in ihren Kaffeetassen und beobachten die Hobby-Handwerker. Vor sich haben sie ein Blech Butterkuchen, von dem sich Paps gerade ein Stück abschneidet und in den Mund schiebt. Plötzlich wischt Zaster hinter Klara hervor, springt auf die Küchenbank und fordert seinen Anteil.

Paps sieht hoch, entdeckt seine Tochter und winkt sie näher.

Klara erholt sich von ihrer Verblüffung und erinnert sich, dass sie einen Mund zum Sprechen hat.

„Das sieht ja super aus!“, ruft sie und tritt vorsichtig in den Raum. Der Boden ist immer noch übersät mit Farbeimern, diesmal in jeder Farbe des Regenbogens.

„Ja, toll, nicht?“, sagt Maxi strahlend. „Jörg ist auf die Idee gekommen, nachdem das fleckige Grün an der Wand nicht mehr zu retten war.“ Sie grinst. „Leider ist ihm schon seine erste Zeichnung misslungen. Da habe ich lieber übernommen.“

Sie deutet auf einen Marienkäfer auf der gegenüberliegenden Wand, der seltsam verrutscht aussieht.

Jörg schmunzelt. „Meine Stärken liegen eher in der theoretischen Anleitung“, sagt er gewichtig. „Ich passe auf, dass alles am richtigen Fleck ist, äh, ich meine …, den richtigen Fleck überdeckt.“

„Hört, hört!“, ruft Svenja, und Klara staunt

wieder. Ihre Tante klingt ganz anders als am Morgen. Viel fröhlicher. Nicht so gepresst. „Ich glaube, wir passen eher auf, dass ihr keinen Schaden anrichtet."

Paps richtet sich auf. „Was heißt hier Schaden?", fragt er empört. „Ich finde, dass wir unseren Schrank ganz gut hinbekommen haben."

Rosi seufzt und schaut auf ein windschiefes Regal.

„Ja, sicher", bestätigt er. „Und ich finde, dass ihr euch heute nur beim Kuchenholen nützlich gemacht habt."

Wie um seine Worte zu unterstreichen, gibt es plötzlich ein Krachen und das Regal fällt in sich zusammen.

Paps kratzt sich am Kopf. „Jörg“, sagt er fragend und wendet sich Svenjas Freund zu. „Warum musstest du die Bauanleitung auch unbedingt auf Chinesisch vorlesen?“

Die beiden kichern los, als ob sie in Klaras Alter wären.

Maxi springt von der Leiter herunter und wischt sich die Hände an ihrer fleckigen alten Jeans ab. „Fertig!“, ruft sie und betrachtet stolz ihr Werk. „Ich gehe mich nur rasch umziehen." Die Erwachsenen nicken. Maxi nimmt Klara an der Hand und zieht sie mit nach oben in ihr Zimmer.

„Das ist ja ein Wunder", sagt Klara und lässt sich auf Maxis Sessel fallen, während ihre Cousine im Kleiderschrank nach frischen Klamotten sucht. „Was ist denn mit den vieren da unten passiert? Sie sind ja plötzlich ein Herz und eine Seele!"

Maxi dreht sich um. „Ich bin so froh", sagt sie leise. „Jörg hat alles gerettet. Er hat nicht locker gelassen, bis wir alle zusammen in der Küche gewerkelt haben. Erst hat Mama noch gemault, dass sie sich schmutzig macht. Aber mit der Zeit ist sie plötzlich ganz eifrig geworden. Richtig lustig! Sie hat sogar Scherze mit Papa gemacht. Dabei glaube ich, dass sie seit Jahren kein vernünftiges Wort miteinander gewechselt haben."

Klara nickt. „Ihre Stimme klingt plötzlich anders", sagt sie. „Und die Mundwinkel zeigen nicht mehr nach unten."

Maxi zieht sich einen Pullover über. „Und

weißt du, was das Beste ist?“, fragt sie. „Sie hat mich vorhin ins Wohnzimmer mitgenommen und hat sich mit mir ausgesprochen. So richtig von Mutter zu Tochter.“

„Und? Was hat sie gesagt?“ Klara wird wieder misstrauisch. Svenja wird Maxi doch nicht enttäuscht haben?

„Sie hat sich entschuldigt“, erklärt Maxi und sieht Klara in die Augen. „Stell dir vor, sie hatte Angst vor mir!“

„Angst?“, fragt Klara nachdenklich. „Da hat sie eigentlich recht. Ich finde auch, dass du fürchterlich angsteinflößend aussiehst. Mit deinen gefletschten Zähnen. Und dem gefährlichen Knurren!“ Sie grinst.

Maxi wirft ihr gespielt wütend ein Kissen von ihrem Bett ins Gesicht. Doch ehe sich eine wilde Kissenschlacht entfachen kann, hockt sie sich zu Klara auf die Sessellehne. „Nein“, sagt sie und wird mit einem Mal ernst. „Als ich mich damals entschieden habe, bei Rosi und euch zu bleiben, hatte sie das Gefühl, als Mutter völlig versagt zu haben. Jörg hat ihr immer wieder versichert, dass sie sich irrt. Aber sobald sie mich eingeladen hat, bekam sie Schiss und hat in letzter Sekunde wieder abgesagt."

„Verstehe ich nicht", sagt Klara kopfschüttelnd.

Maxi nickt. „So richtig verstehe ich es auch nicht. Aber sie hat geglaubt, dass ich sie hasse. Doch dann hat sie deine E-Mail bekommen. Und ihr ist klar geworden, dass es nicht nur für sie blöd ist, wenn wir so wenig miteinander zu tun haben."

„Und warum ist sie dann hierher gekommen und hat uns die Hölle heiß gemacht?"

„Das wollte sie eigentlich auch nicht", erklärt Maxi. „Sie hat sogar extra Baby Ben bei Oma gelassen, damit sie einmal in Ruhe mit mir sprechen kann. Aber als sie dann hier waren, sagte sie, ist alles schiefgegangen. Jeder schien sie zu hassen und ich ganz besonders."

„Und, tust du das?"

Maxi schüttelt den Kopf. „Nein. Irgendwie weiß ich inzwischen ein bisschen, wie es ihr geht. Nicht so richtig, aber ein bisschen." Sie steht entschlossen auf. „Die Skiferien hat sie übrigens abgesagt", erklärt sie.

Klara springt empört auf. „Und das erzählst du mir so seelenruhig?“, ruft sie. „Das ist ja wohl das Letzte!“

Maxi schüttelt den Kopf und lächelt. „Nicht das, was du denkst, Klara“, sagt sie. „Mama und ich fahren allein in den Urlaub. Damit wir uns wieder besser kennenlernen.“

Klara nickt, aber das Lächeln fällt ihr plötzlich sehr schwer. „Heißt das“, sie schluckt, „dass du vielleicht überlegst, ganz zu ihr zu ziehen?“

Maxi lacht. „Du Dumme!“, ruft sie und umarmt ihre Cousine. „Nie würde ich meine Chaos-Familie alleinlassen. Dafür habe ich euch viel zu lieb!“

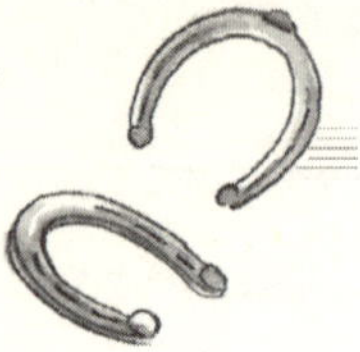

Die Prüfung

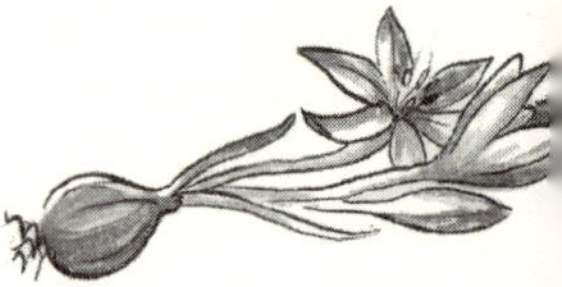

„Im Arbeitstempo Trab!“, ertönt Hannas Stimme aus dem Lautsprecher. „An der nächsten langen Seite Schlangenlinien durch die Bahn drei Bogen.“

Klara atmet tief durch. Sie versucht, ihre Beine locker hängen zu lassen und richtet sich auf. Krümel hat die Ohren stolz gespitzt, sein Hals ist gewölbt. Die Zöpfe seiner eingeflochtenen Mähne wippen im Trab hin und her. Er scheint sich der Bedeutung des Augenblicks durchaus bewusst zu sein.

Die theoretische Prüfung für das Große Hufeisen liegt bereits hinter ihnen. Zum Glück hat niemand gepatzt und alle haben bestanden. Danach haben sie ihre Ponys gesattelt und die Trensen angelegt. Und nun geht es ums Ganze.

Klara führt mit Krümel die Abteilung an. Sie trägt eine weiße Reithose und ihre Reitkappe hat sie extra vorher noch einmal poliert. Hinter ihr reiten Jella mit dem Islandpony Draumur, Lou mit ihrem Lakritz, Anna mit Bastello und Jakob mit Zorro.

Und was ist mit Tim?

Er bildet den Schluss. Aber nicht auf Hexe, sondern auf der Schimmelstute Stella. Hexe soll im Frühsommer tatsächlich ihr Fohlen bekommen! Der Tierarzt hat es bestätigt. Hanna hat zwar versichert, dass die Rappstute noch zwei Monate voll geritten werden darf. Aber Tim behandelt sie wie ein rohes Ei. Er hat sich geweigert, mit ihr an der Prüfung teilzunehmen.

Klara lenkt Krümel auf der Schlangenlinie durch die Bahn. Am Bahnpunkt biegt sie ab. Wie es richtig ist, reitet sie kein S, sondern eine gerade Linie bis zur gegenüberliegenden Seite. Dort wendet sie Krümel nach rechts.

Der Wallach schnaubt zufrieden unter ihr. Gut gemacht, scheint er zu denken.

Klara fühlt ihr Herz bis zum Hals schlagen. Beine lang, schießt es ihr durch den Kopf. Hände aufrecht tragen.

Sie kommt an der Tribüne vorbei und sieht

aus den Augenwinkeln Rosi und Paps nebeneinander sitzen. Sie haben Zaster zwischen sich genommen, damit er nicht ausbüxen kann. Alle drei sehen sehr angespannt aus.

Locker bleiben, denkt Klara unwillkürlich.

Endlich ist die Schlangenlinie beendet.

„Ganze Abteilung zu einem links kehrt, rechts marschiert auf, marsch“, ertönt Hannas Stimme wieder. „Ganze Abteilung, halt!“

Klara befolgt die Anweisung. In der Mitte der Reitbahn setzt sie sich ein bisschen stärker in den Sattel und zieht auf das Kommando leicht an den Zügeln. Sofort stemmt Krümel alle viere in den Boden und macht eine Vollbremsung. Klara ruckelt ein bisschen im Sattel und beißt sich auf die Lippen. Hoffentlich hat das keiner gesehen!

Hanna hat unterdessen einen kleinen Sprung aufgebaut. Nun geht sie wieder auf die Tribüne, wo das Mikrofon steht. Neben ihr sitzt die Richterin und mustert die Prüflinge mit kritischem Blick.

„Klara und Krümel“, fordert Hanna auf. „Ihr macht den Anfang. Einmal um die Bahn. Dann galoppiert ihr an und danach geht es über das Hindernis." Sie lächelt aufmunternd.

Klara nimmt konzentriert die Zügel auf. Krümel, der zu wissen scheint, was kommt, macht einen kleinen Hüpfer. Nur jetzt nicht bocken, betet Klara.

Doch da galoppiert Krümel schon gehorsam an und ehe Klara sich versieht, haben sie sicher das Hindernis überwunden. Während sie wieder an ihren Platz auf der Mittellinie zurückreitet, kann sie es noch immer nicht fassen. Die Prüfung liegt hinter ihr! Und es ist alles gut gegangen!

Wie aus weiter Ferne sieht sie, dass auch die anderen nacheinander über das Hindernis springen. Jellas Draumur stößt mit den Vorderhufen leicht an und Jakob muss Zorro treiben, damit er nicht stehen bleibt. Aber keiner patzt.

Dann kommt Tim an die Reihe. Klara tauscht einen besorgten Blick mit ihrer Freundin Anna. Springen ist nicht gerade Stellas Stärke. Während die Schimmelstute sogar schwere Dressuraufgaben bewältigen kann, tut sie sich schon bei dem kleinen Hindernis mit den überkreuzten Stangen schwer, das vor ihr liegt.

Tim treibt die Stute in den Galopp. Schon hält er auf das Hindernis zu. Doch Stella wird langsamer statt schneller. Und so sehr sich Tim auch abmüht, kurz vor dem Hindernis stemmt sie ihre Beine in den Boden und hält an.

„Versuch es nochmal“, beruhigt ihn Hanna durchs Mikrofon. „Das ist kein Beinbruch.“

Tim reitet konzentriert an. Energisch treibt er die Stute voran. Noch zwei Galoppsprünge. Noch einen. Klara hält die Luft an.

Doch da hat sich die Stute schon herumgeworfen und ist am Hindernis vorbei.

Jetzt wird Tim wütend. Klara merkt, dass sich sein Gesicht verzieht. Sein Körper ist ganz verspannt. Trotzdem versucht er es ein drittes Mal. Doch diesmal hat er gar keine Chance mehr. Schon in der Ecke beißt die Stute plötzlich auf das Gebiss und prescht los. Leider nicht auf das Hindernis zu, sondern zu ihren Freunden in die Bahnmitte. Dort nimmt sie sorgfältig Aufstellung.

Tim lässt den Kopf hängen und streichelt traurig Stellas Hals. Auch den anderen ist die Freude plötzlich verleidet. Sie alle kennen die Regeln. Wenn ein Pferd dreimal das Hindernis und damit den Gehorsam verweigert, ist die Prüfung nicht bestanden.

Sie nehmen kaum wahr, dass die Richterin zu ihnen nach unten kommt. Die Frau baut sich vor den Freunden auf.

„Ihr habt euch heute der Prüfung zum Großen Hufeisenabzeichen gestellt", beginnt sie ihre Rede. „Mit dem Abteilungsreiten und dem Sprung sind alle Aufgaben beendet." Sie holt tief Luft. „Ich habe heute einer sehr guten Truppe zusehen dürfen. Ihr alle habt einen ausgezeichneten

Sitz und eure Ponys gehorchen euch. Das gilt ausnahmslos für jeden von euch."

Hanna, die neben der Richterin steht, strahlt, als hätte sie selbst das Lob bekommen. „Folgende Reiter haben die Prüfung bestanden: Klara Fuchs mit Krümel, Anna Cramer mit Bastello, Jella Mari mit Draumur, Lou Ruben mit Lakritz und Jakob Wegener mit Zorro." Sie sieht von ihrem Blatt hoch und geht ein paar Schritte auf Tim zu. „Leider darf ich dich nicht bestehen lassen, Tim", sagt sie und verzieht bedauernd das Gesicht. „Zwar waren deine Leistungen sehr gut. Aber die Stute hat den Sprung nicht gezeigt."

Tim nickt. Doch Klara weiß, dass er mit den Tränen kämpft.

Auf einmal kommt ihr eine Idee. Entschlossen rutscht sie von Krümel herunter und wirft Anna neben ihr die Zügel zu. Mit wenigen Schritten ist sie bei der Richterin und flüstert auf sie ein. Die Richterin runzelt erst die Stirn und schüttelt den Kopf. Klara versucht es erneut. Und da lächelt die Richterin plötzlich und nickt.

„Ich höre gerade, dass Tim unter ganz besonderen Umständen zu dieser Prüfung angetreten ist. Aus Rücksicht auf sein Pferd hat er in Kauf genommen, dass er die Prüfung nicht besteht. Deswegen möchte ich heute eine Ausnahme machen. Wenn Tim mit einem anderen Pony den Sprung schafft, werde ich ihm das Abzeichen verleihen. Denn das Große Hufeisen steht nicht nur für reiterliches Können, sondern genauso für Fairness gegenüber seinem Pferd. Und das hat der junge Mann hier bewiesen."

Tim strahlt über das ganze Gesicht. Klara winkt ihm. „Du nimmst Krümel!", ruft sie. Früher, als Hexe noch nicht auf dem Hof war, ist er oft auf Krümel gesprungen.

Klara stellt noch die Steigbügel auf die richtige Länge ein. Und dann sind Tim und Krümel schon unterwegs.

Zwei Minuten später ist es geschafft. Krümel hat Tim genauso sicher wie Klara über das Hindernis gebracht.

Der Lautsprecher knackt und knistert. „Ich bitte beim Einsetzen der Musik zu einer Ehrenrunde", sagt die Richterin. „Und das Publikum um einen Applaus für sechs fabelhafte Prüflinge."

Als die ersten Töne erklingen, gibt Klara Galopphilfe. Hinter ihr reitet Tim mit Stella.

Im leichten Sitz umrunden sie die Bahn. Die Abzeichen flattern an ihren Blusen und Hemden. Auf der Tribüne ist das Publikum aufgestanden. Begeistert klatscht es in die Hände.

Krümel nutzt die Gelegenheit und macht das, was er sich die ganze Prüfung über verkniffen hat. Er buckelt ausgiebig. Als er endlich langsamer wird, hängt Klara nur noch im Sattel. Die Zügel sind ihr aus der Hand geglitten. Doch schon lenkt Tim Stella neben sie und fasst in

die Zügel. Sachte bringt er den Wallach zum Stehen.

Die Richterin lächelt von der Tribüne herunter. „Na, wenn ihr beide kein eingespieltes Team seid“, sagt sie anerkennend. „Ihr habt euch euer Abzeichen wirklich verdient.“

Spaghetti-Feier

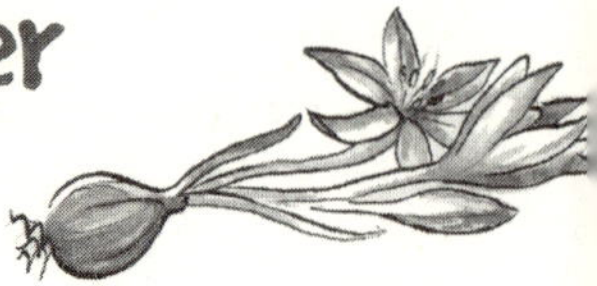

„Und als er gebuckelt hat, wusste ich nicht mehr, wie ich ihn zum Stehen bringen sollte“, plappert Klara mit vollem Mund. Die ganze Reitertruppe sitzt bei ihr zu Hause mit Paps und Rosi um den Küchentisch. Nur Maxi fehlt. Sie ist wie verabredet gestern mit Svenja in den Urlaub gefahren.

Paps hat Spaghetti mit Tomatensoße gekocht und die Tischdecke passt inzwischen mit den vielen roten Spritzern ausgezeichnet zu den bunten Wänden.

Rosi runzelt die Stirn. „Das mit dem Buckeln war aber nicht korrekt“, tadelt er. „Ich habe noch einmal im Regelwerk nachgelesen. Eine Ehrenrunde sollte so gesittet ablaufen wie die Prüfung selbst.“

Klara kichert. „Sag das mal Krümel“, bittet sie. „Der kennt die Regeln leider nicht auswendig.“

„Aber dafür meine Tochter. Und ihr alle zusammen.“ Paps platzt fast vor Stolz. „Das habt ihr ganz toll gemacht!“

„Gut, dass Frau Sandrin nicht stänkernd auf der Tribüne gesessen hat.“

Rosi wirft sich in die Brust. „Keine Angst“, verkündet er wichtig. „Ich habe persönlich dafür gesorgt, dass es auf der Tribüne mucksmäuschenstill war.“ Er klingt, als hätte er eigenhändig die Zuschauer zum Schweigen gebracht.

Und so scheint es tatsächlich auch gewesen zu sein. Denn Paps verzieht das Gesicht. „Still ist gut“, sagt er spöttisch. „Du hast jeden derart gemaßregelt, dass alle völlig verschreckt waren. Niemand hat gewagt, sich auch nur die Nase zu putzen.“

Klara lacht. Das kann sie sich gut vorstellen.

„Schade nur, dass Hexe nicht dabei sein konnte“, sagt Tim.

„Keine Sorge“, tröstet Lou. „Beim nächsten Abzeichen hat sie schon das Fohlen. Und dann kannst du sie wieder reiten.“

Rosi nickt eifrig. „Ich habe mich informiert“, verkündet er. „Als Nächstes kommt das Kleine

Reitabzeichen. Und dann das Große.“ Er blickt versonnen aus dem Fenster. „Und immer werde ich dafür sorgen, dass auf der Tribüne Ruhe herrscht. Dann könnt ihr euch konzentrieren.“

Klara lacht. „Na, dann wollen wir hoffen, dass wir es nie bis zur Olympiade schaffen!“, ruft sie übermütig. „Denn dann hättest du alle Hände voll zu tun.“

Die Kinder jubeln und klopfen mit dem Besteck auf den Tisch. „Aber wenn wir ehrlich

sind“, sagt Klara, als es wieder ruhig ist, und schaut in die Runde, „wollen wir es gar nicht so weit bringen. Hauptsache, es macht weiterhin so viel Spaß!“

Und ihre Freunde nicken dazu.